「한문 원본」을 원문·현토·주해한

삼국사기 三國史記

2권 - 백제본기

김부식(1075~1151) 원지

정민호 현토·주해

문경현 교수 추천 및 감수

明文堂

서문序文

문경현(문학박사 · 경북대 명예교수)

『삼국사기』는 우리나라 최고最古의 사서史書요 불후의 명귀다. 12세기 고려 인종 23년에 김부식이 감수국사 문하시중(수상)을 퇴직하고 난 다음에 사대모화 사상에 치우쳐 중국의 역사는 환하게 알고 있으나 도리어 자아의 역사를 까맣게 모르고 있는 현실을 개탄하여 인종대왕이 김부식에게 삼국사를 지어 올리라는 명을 받고 찬진한 사찬서私撰書다.

이 사서는 사마천司馬遷의 사기史記를 표준하여 본떠 지은 기전체紀傳體 50권의 역사책이다. 『삼국사기』의 사관史觀은 당시 사대주의 시대라 사대모화 사관의 범주를 피할 수 없었다. 그리고 그는 유학자라 합리적 유교사관에 입각하여 편찬했다. 그러므로 『삼국사기』에 일관된 민족 주체 의식의 관류貫流를 우리는 재발견해야 한다. 『삼국사기』는 황제의 편견사인 본기本紀를 채용하여 서술했다. 당시 우리는 중국에 사대하던 속국, 제후국을 자임하던 시대에 이와 같은 사관은 가위 파천황破天荒이라 하겠다. 그리고 우리의 고유한 전통문화를 존중하고 강한 자아의식을 발휘했다.

문장으로서 『삼국사기』는 당시 일세를 풍미하던 사륙변려체四六駢儷體를 따르지 않고 서한西漢의 고문체古文體로 저술한 기려웅위綺麗雄偉한 문장으로서도 걸작에 해당한다.

  이와 같이 위대한 사서를 현토懸吐하고 주해하여 '교양한문대학' 교재로 만든 것은 참으로 훌륭한 문학적 쾌거라 하겠다. 이 책을 현토 주해한 정민호鄭旼浩 선생은 내가 평소에 존경하는 우리나라 문단의 중진 시인이다. 선생은 어려서부터 한문을 수학한 우리 시대 몇 안 되는 한학자 중의 한 분이다.

  한학자 정 선생이 심혈을 기울여 현토 주해한 이 교재를 일독함에 참으로 놀라울 만치 정확한 현토와 주석으로 우리 학계에 기여함이 실로 크다고 생각한다. 한문 공부와 역사 공부를 병행하여 성취할 수 있는 훌륭한 교재라고 높이 평가하며 이 책으로 공부하여 김부식 공公의 위대한 문장과 역사학이 독자 제언諸彦의 학문향상에 기여비보寄與裨補하기를 기대하면서 서문으로 가름하는 바이다.

  2020년 5월 18일

  葆蕙莊 鵲巢芸香齋에서　文暻鉉 識之
  보 혜 장　작 소 운 향 재　　문 경 현　지 지

「삼국사기」는 고려시대 대문장가 김부식金富軾이 지은 우리나라 최고의 역사서다. 무슨 책이든 원문으로 읽어야 제맛이 나기 마련인데 많은 사람들이 능력이 모자라 번역본을 읽게 된다. 이 「삼국사기」도 저자의 특유한 문채를 그대로 받아들이려면 한문본漢文本 그대로를 읽어야만 한다.

나는 이번에 뜻한 바가 있어 「삼국사기」에 현토를 하여 주해하면서 한문 문장의 본질을 찾으려고 노력했다. 요즈음 한문 공부를 하는 사람들이 부쩍 늘어나고 있다. 그래서 한문 공부를 하는 사람들이 원문을 읽는데 이해를 돕기 위해 긴 문장은 편하도록 잘라서 현토를 하고 ▶ **어려운 낱말** ◀을 따로 풀이해서 독자들의 이해를 돕고, ▷**본문풀이**◁를 두어 해석하는데 도움이 되도록 노력하였다. 원본 한문 역사서를 읽고 한문 공부를 함으로써 역사에 대한 이해도 빨라지게 될 것이 아닌가? 옛날에도 한문을 배우는데 사략史略이나 통감通鑑을 읽어 역사를 익히는 것이 상례이기도 했다.

그래서 나는 경주향교부설 사회교육원 〈신라사반〉에서 원본 삼국사기를 풀이하는 강의를 해 왔었다. 나는 사학자가 아니기 때문에 단순히 원문을 한문적 해석으로 풀이 강의해왔다. 사학적 이론은 문경현 교수를 따랐음을 밝힌다. 그리하여 김부식의 한문 문장을 믿고 맛보기 위하여 그의 한문적 문장을 공부하고 한문을 공부하는 사람들에게 역사적 지식까지 주기 위한 것이었다. 그래서 몇 번의 강의 끝에 교정은 자연적으로 이루어지게 되었으며, 이번에 삼국사기를 찾는 분들이 많아서 이에 축쇄판을 출간하기에 이른 것이고, 신라, 고구려, 백제, 열전을 합하여 소위 통합 삼국사기를 만들게 되었다.

이 책이 많은 사람에게 사랑을 받고, 원문을 읽을 수 있는 기회가 많아지면 많아질수록 우리의 주위에는 지식인들이 늘어날 것이 아닌가 하는 자부심으로 이 글을 현토하고 주해한 것이다. 끝으로 이 책을 위해 기꺼이 서문을 써주신 문경현 박사께 고마움의 인사를 드리며, 이 책이 많은 사람들의 깊은 애정과 아낌을 받을 수 있길 기대하는 바이다.

2020년 榴花節에 懸吐 註解者 鄭旼浩 씀.
유화절　　현토　주해자　정민호

목차

● 서문(序文) 3

● 이 책을 읽는 분들께 5

百濟本紀(백제본기)

1. 始祖 溫祚王(시조 온조왕) 10

2. 多婁王(다루왕) 36

3. 己婁王(기루왕) 44

4. 蓋婁王(개루왕) 50

5. 肖古王(초고왕) 53

6. 仇首王(구수왕) 62

7. 沙泮王(사양왕)/(즉위 즉시 폐위)

8. 古尒王(고이왕) 67

9. 責稽王(책계왕) 79

10. 汾西王(분서왕) 81

11. 比流王(비류왕) 83

12. 契王(계왕,설왕) 89

13. 近肖古王(근초고왕) 90

14. 近仇首王(근구수왕) 96

15. 枕流王(침류왕) 101

16. 辰斯王(진사왕) 102

17. 阿莘王(아신왕) 107

18. 腆支王(전지왕) 114

19. 久尒辛王(구이신왕) 120

20. 毗有王(비유왕) 121

21. 蓋鹵王(개로왕) 126

22. 文周王(문주왕) 150

23. 三斤王(삼근왕) 153

24. 東城王(동성왕) 157

25. 武寧王(무녕왕) 171

26. 聖王(성왕) 179

27. 威德王(위덕왕) 187

28. 惠王(혜왕) 195

29. 法王(법왕) 196

30. 武王(무왕) 198

31. 義慈王(의자왕) 218

百濟本紀(백제본기)

1 始祖 溫祚王

(시조 온조왕) : B.C. 18~A.D. 29

○〈百濟〉始祖『溫祚王』은 其父가「鄒牟」니 或
云「朱蒙」이라 하다. 自〈北扶餘〉에서 逃難하여 至,
〈卒本扶餘:渾江 유역의 桓仁〉하다.〈扶餘〉王이 無子
하고 只有,三女子하니 見,「朱蒙」이 知,非常人하고
以,第二女로 妻之하다. 未幾에〈扶餘〉王이 薨하니
「朱蒙」이 嗣位하다. 生,二子하니 長曰,「沸流」요,
次曰「溫祚」라 하다.[或云: "「朱蒙」, 到〈卒本〉, 娶〈越郡〉女, 生
二子."] 及「朱蒙」이 在〈北扶餘〉에 所,生子하니 來爲
太子하다.「沸流」,「溫祚」는 恐爲,太子所,不容하여
遂與「烏干」,「馬黎」等, 十臣으로 南行하니 百姓,
從之者多러라. 遂至〈漢山〉하여 登〈負兒嶽:삼각산〉
하여 望,可居之地하니 「沸流」欲居於海濱이나 十
臣諫曰, "惟此〈河南〉之地는 北帶〈漢水〉하고 東

居高岳하며 南望沃澤하고 西阻大海하니 其,天險
地利가 難得之勢라 作都於斯가 不亦宜乎잇가?"
「沸流」不聽하고 分,其民하여 歸〈彌鄒忽〉以居之하
다. 「溫祚」는 都〈河南慰禮城〉하고 以,十臣이 爲,
輔翼하여 國號를 「十濟」라 하니 是〈前漢〉「成帝」
〈鴻嘉〉三年也러라. 「沸流」는 以〈彌鄒〉로 土濕水
鹹하여 不得安居라 歸見〈慰禮〉하니 都邑鼎定하
고 人民安泰라 遂,慙悔而死하니 其,臣民이 皆歸
於〈慰禮〉하다. 後,以來時에 百姓樂從이어늘 改號
를〈百濟〉라 하다. 其,世系가 與〈高句麗〉로 同出
〈扶餘〉라, 故로 以扶餘로 爲氏하다.[一云: 始祖는『沸
流王』으로, 其父「優台」니,〈北扶餘〉王「解扶婁」庶孫이며. 母는
「召西奴」니,〈卒本〉人「延陀勃」之女니라. (召西奴가) 始歸于「優
台」하여 生子二人하니, 長曰「沸流」, 次曰「溫祚」니라. 「優台」가 死
하니, (召西奴는)寡居于〈卒本〉하다. 後에「朱蒙」이 不容於〈(北)扶
餘〉하여, 以〈前漢〉〈建昭〉二年, 春二月에, 南奔至〈卒本〉하여 立

都,號〈高句麗〉라 하고, 娶「召西奴」하여 爲妃하다. 其於,開基創業에 頗有內助하여 故로「朱蒙」이 寵之特厚하여, 待「沸流」等을 如己子하다. 及「朱蒙」이 在〈扶餘〉에 所生「禮」氏子「孺留」가 來하니 立之爲,太子하고 以至,嗣位焉하다. 於是에「沸流」, 謂弟「溫祚」曰, "始, 大王이 避〈扶餘〉之難하여 逃歸至此하니 我母氏가 傾,家財하여 助成邦業하니 其勸勞多矣라. 及,大王이 厭世(죽다)하여 國家屬於「孺留」하니 吾等은 徒在此하여 鬱鬱如,疣贅(우췌)라. 不如奉,母氏하고 南遊卜地하여 別立國都라 하다." 하고 遂,與弟率黨類하고 渡〈浿〉·〈帶〉二水하여 至〈彌鄒忽〉하여 以居之하다. 『北史』及『隋書』皆云, "〈東明〉之後에 有「仇台」하여 篤於仁信하다. 初에 立國于〈帶方〉故地하니 〈漢〉의 〈遼東〉太守「公孫度」가 以女로 妻之하여 遂爲 '東夷强國' 이라." 하나 未知孰是니라.]

▶ 어려운 낱말 ◀

[逃難(도난)]: 난을 피하여 오다. [嗣位(사위)]: 임금의 자리를 잇다. [海濱(해빈)]: 바닷가. [沃澤(옥택)]: 기름진 땅. [輔翼(보익)]: 날개로 감싸 도와주다. [土濕水鹹(토습수함)]: 흙은 습기가 많고, 물은 염분이 많다. [鼎定(정정)]: 솥의 발처럼 굳게 안정됨. *[疣贅(우췌)]: 사마귀와 혹.

　〈백제〉의 시조 『온조왕』은 아버지가 「추모」이다. 혹은 「주몽」
이라고도 한다. 주몽은 〈북부여〉로부터 난을 피하여 〈졸본 부여〉
에 이르렀다. 〈부여〉왕은 아들이 없고 세 명의 딸만 있었는데,
「주몽」을 본 후, 그가 비상한 사람임을 알고는 그에게 둘째 딸을
시집보냈다. 그 후 얼마 안 되어 〈부여〉왕이 죽고 「주몽」이 뒤를
이었다. 「주몽」은 두 명의 아들을 낳았다. 맏아들은 「비류」, 둘째
아들은 「온조」라고 한다.【혹은 '주몽이 졸본에서 월군 여자를 취하여 두
아들을 낳았다' 고도 한다.】「주몽」이 〈북부여〉에서 낳았던 아들이 이
곳에 와서 태자가 되자, 「비류」와 「온조」는 자신이 태자에게 받
아들여지지 않을까 걱정되어, 마침내 「오간」·「마려」 등 열 명의
신하와 함께 남쪽 지방으로 떠났다. 백성 가운데 그들을 따르는
자가 많았다. 그는 〈한산〉에 도착하여 〈부아악〉에 올라가 거주
할만한 곳을 찾았다. 「비류」는 바닷가에 거주하기를 원하였다.
열 명의 신하가 간하여 말하기를, "이곳 〈하남〉 땅만이 북쪽으로
는 〈한수〉가 흐르고, 동쪽으로는 높은 산이 있으며, 남쪽으로는
비옥한 들이 보이고, 서쪽은 큰 바다로 막혀 있습니다. 이러한 천
험의 요새는 다시 얻기 어렵습니다. 이곳에 도읍을 정하는 것이
좋지 않겠습니까?" 하다. 그러나 「비류」는 듣지 않고 백성들을
나누어 〈미추홀〉로 가서 터를 잡았다. 「온조」는 〈하남위례성〉에
도읍을 정하고, 열 명의 신하로 하여금 보좌하게 하고, 국호를
「십제」라고 하였다. 이때가 〈전한〉 「성제」 〈홍가〉 3년이었다.
「비류」는 〈미추홀〉의 토지가 습기가 많고, 물에 소금기가 있어

편히 살 수가 없다고 하여 〈위례〉로 돌아왔다. 그는 이곳 도읍이 안정되고 백성들이 태평한 것을 보고는 부끄러워하며 후회하다가 죽었다. 그의 신하와 백성들이 모두 〈위례〉로 돌아왔다. 그 후 애초에 백성들이 즐거이 따라왔다고 하여 국호를 〈백제〉로 바꾸었다. 그의 조상은 고구려와 함께 〈부여〉에서 같이 나왔기 때문에 '부여'를 성씨로 삼았다.【시조 『비류왕』의 아버지는 「우태」이니, 북부여왕 「해부루」의 서손이었다. 어머니는 「소서노」이니, 졸본 사람 「연타발」의 딸이다. 그녀가 처음 「우태」에게 시집와서 두 아들을 낳았다. 첫째는 「비류」, 둘째는 「온조」였다. 어머니는 「우태」가 죽은 뒤 〈졸본〉에서 혼자 살았다. 그 후 「주몽」이 〈부여〉에서 받아들여지지 않자, 전한 〈건소〉 2년 봄 2월, 남쪽으로 도망하여 〈졸본〉에 도착하여 도읍을 정하고, 국호를 〈고구려〉라 하였으며, 「소서노」에게 장가들어 그녀를 왕비로 삼았다. 「주몽」이 나라의 기초를 개척하며 왕업을 창시함에 있어서 「소서노」의 내조가 매우 컸으므로, 주몽은 「소서노」를 극진히 사랑했고, 「비류」 등을 자기 소생과 같이 대우하였다. 「주몽」은 〈부여〉에서 낳았던 「예」씨의 아들 「유류」가 오자 그를 태자로 삼았다. 그 후 그가 「주몽」의 뒤를 잇게 되었다. 이때 「비류」가 아우 「온조」에게 말하기를, 처음 대왕께서 부여의 난을 피하여 이곳으로 도망하여 왔을 때, 우리 어머니가 가산을 내주어 나라의 기초를 세우는 위업을 도와주었으니, 어머니의 조력과 공로가 많았다. 그러나 대왕께서 돌아가시자, 나라가 「유류」에게 돌아갔다. 우리가 공연히 여기에 있으면서 쓸모없는 사람같이 답답하고 우울하게 지내는 것보다는, 차라리 어머님을 모시고 남쪽으로 가서 살 곳을 선택하여 별도로 도읍을 세우는 것이 좋겠다.”라 하고, 마침내 그의 아우와 함께 무리를 이끌고 〈패수〉와 〈대수〉를 건너 〈미추홀〉에 와서 살았다는 설도 있다. 한편,

[북새와 [수세]에는 모두 "〈동명〉의 후손 중에 「구태」라는 사람이 있었는데, 사람이 어질고 신의가 있었다. 그가 처음으로 〈대방〉 옛 땅에 나라를 세웠는데, 〈한〉나라 〈요동〉 태수 「공손도」가 자기의 딸을 「구태」에게 시집보냈고, 그들은 마침내 동이의 강국이 되었다." 라고 기록되어 있으나, 어느 주장이 옳은지 알 수 없다.】

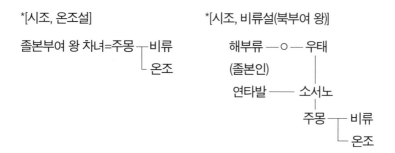

*[시조, 온조설]

졸본부여 왕 차녀=주몽┬비류
                    └온조

*[시조, 비류설(북부여 왕)]

해부류 ─○─ 우태
(졸본인)   │
  연타발 ── 소서노
             │
            주몽┬비류
                └온조

○元年, 夏.五月에 立『東明王』廟하다.
　원년　하오월　입 동명왕 묘

▶ 어려운 낱말 ◀

[廟] : 사당(묘).

▷ 본문풀이 ◁

　원년, 여름 5월에 『동명왕』의 사당을 세웠다.

○二年, 春.正月에 王이 謂.郡臣曰, "〈靺鞨〉이
　이년　춘정월　왕　위군신왈　　말갈

連我北境하니 其人勇而多詐라 宜.繕兵積穀하여
연아북경　　기인용이다사　의선병적곡

爲,拒守之計하라." 하다. 三月에 王이 以,族父「乙
위 거 수 지 계   삼 월   왕   이 족 부 을

音」이 有,智識膽力하여 拜爲,右輔하고 委以,兵馬
음   유 지 식 담 력   배 위 우 보   위 이 병 마

之事하다.
지 사

▷ 본문풀이 ◁

　2년, 봄 정월에 왕이 군신들에게 말하기를, "〈말갈〉이 우리의
북부 국경과 인접하여 있는데, 그 사람들은 용맹스러우면서도 거
짓말을 잘한다. 그러므로 우리는 병기를 수선하고 식량을 저축하
여, 그들을 방어할 계획을 세워라."고 했다. 3월에, 왕이 그의 재
종숙부 「을음」이 지혜와 담력이 있다 하여 우보로 임명하고, 그
에게 군사 관계의 임무를 맡겼다.

　○三年, 秋,九月에 〈靺鞨〉이 侵,北境이어늘 王이
　　삼 년 추 구 월   말 갈   침 북 경   왕

帥,勁兵하여 急擊,大敗之하니 賊,生還者가 十에
솔 경 병   급 격 대 패 지   적 생 환 자   십

一二러다. 冬,十月에 雷하고 桃李華하다.
일 이   동 십 월   뇌   도 리 화

▶ 어려운 낱말 ◀

　[勁兵(경병)] : 정예병. [桃李華(도리화)] : 복사꽃과 오얏꽃이 핌. [帥(수)] : 장
수(수). 거느리다(솔).

3년, 가을 9월에 〈말갈〉이 북쪽 국경을 침범하기에 왕은 정예
군을 이끌고 재빨리 공격하여 그들을 크게 격파하였으니 적군 중
에 살아 돌아간 자가 열 사람 중에 한두 명이었다. 겨울 10월에,
우레가 쳤고 복숭아와 오얏꽃이 피었다.

○四年, 春夏에 旱하고 饑하며 疫하다. 秋,八月에
　　사 년　춘 하　한　　　기　　　역　　　추 팔 월
遣使〈樂浪〉修好하다.
견 사　낙 랑　수 호

4년, 봄과 여름에 가물고 흉년들었으며, 전염병도 돌았다. 가
을 8월에는, 〈낙랑〉에 사신을 보내 수호관계를 맺었다.

○五年, 冬,十月에 巡撫北邊하여 獵獲神鹿하다.
　　오 년　동 시 월　　순 무 북 변　　　엽 획 신 록

5년, 겨울 10월에 왕이 북쪽 변경을 순행하면서 사냥하여 신기
한 사슴을 잡았다.

○六年, 秋,七月 辛未晦에 日有食之하다.
　　육 년　추 칠 월 신 미 회　　일 유 식 지

6년, 가을 7월 그믐 신미일에 일식이 있었다.

○八年, 春,二月에 〈靺鞨〉賊兵三千이 來圍〈慰
팔 년 춘 이 월 말 갈 적 병 삼 천 내 위 위

禮城〉하니 王이 閉,城門不出하다. 經旬하니 賊이
례 성 왕 폐 성 문 불 출 경 순 적

糧盡而歸하다. 王이 簡,銳卒하여 追及〈大斧峴:平
양 진 이 귀 왕 간 예 졸 추 급 대 부 현

康〉하여 一戰克之하여 殺虜,五百餘人하다. 秋,七月
일 전 극 지 살 로 오 백 여 인 추 칠 월

에 築,〈馬首城:위치 미상〉하고 竪,〈瓶山:위치 미상〉柵하
축 마 수 성 수 병 산 책

다. 〈樂浪〉太守,使告曰, "頃者에 聘問結好어늘
낙 랑 태 수 사 고 왈 경 자 빙 문 결 호

意同一家라. 今逼我彊에 造立城柵은 或者其有,
의 동 일 가 금 핍 아 강 조 립 성 책 혹 자 기 유

蠶食之謀乎아? 若不渝,舊好하고 墮城破柵이면
잠 식 지 모 호 약 불 투 구 호 휴 성 파 책

則,無所猜疑어니와 苟或不然이면 請,一戰以決,勝
즉 무 소 시 의 구 혹 불 연 청 일 전 이 결 승

負하리라!"하다. 王,報曰, "設險守國은 古今에 常
부 왕 보 왈 설 험 수 국 고 금 상

道라 豈敢以此로 有渝於,和好아? 宜若,執事(그대
도 기 감 이 차 유 투 어 화 호 의 약 집 사

의-樂浪太守)之,所不疑也라. 若,執事가 恃强出師면
지 소 불 의 야 약 집 사 시 강 출 사

則,小國도 亦有以,待之耳리라."하다. 由是로 與〈樂
즉 소 국 역 유 이 대 지 이 유 시 여 낙

浪〉으로 失和하다.
랑 실 화

[簡銳卒(간예졸)] : 정예병졸을 골라서. [頃者(경자)] : 지난날에. [聘問結好(빙
문결호)] : 사신을 보내 우호를 맺다. [我疆(아강)] : 우리 강역. [渝舊好(투구
호)] : 옛날의 우호를 저버리다. [渝] : 달라질(투). [隳城破柵(휴성파책)] : 성
책을 헐어버리다. [隳] : 무너뜨릴(휴). [猜疑(시의)] : 시기하고 의심하다.

▷ 본문풀이 ◁

　8년, 봄 2월에 〈말갈〉군 3천 명이 침입하여 〈위례성〉을 포위
했다. 왕은 성문을 닫고 나가지 않았다. 열흘이 지나자, 적은 군
량이 떨어져 돌아갔다. 왕은 정예군을 선발하여 〈대부현〉까지
추격하여 단번에 이기고, 적병 500여 명을 죽이고 사로잡았다.
가을 7월에, 〈마수성〉을 쌓고 〈병산〉에 목책을 세웠다. 〈낙랑〉
태수가 사람을 보내 말하기를, "지난 날 서로 사신을 교환하고,
우호관계를 맺어 한 집안과 같음이라. 지금에 우리의 영역에 접
근하여 성을 쌓고 목책을 세우는 것은 혹시 우리 땅을 잠식하려
는 것이 아닌가? 만일 옛날의 우호관계를 유지하려면, 성을 허물
고 목책을 제거하여, 즉시 억측과 의심을 하지 않도록 하라! 했
다. 만약 그렇게 하지 않는다면 전투로 승부를 결정 내보자!" 왕
이 이에 회답하기를, "요새를 설치하여 나라를 수비하는 것은 고
금의 상도이다. 어찌 이 문제로 화친과 우호관계에 변함이 있겠
는가? 이는 당연히 그대가 의심할 일이 아니다. 만일 당신이 강한
것을 믿고 군사를 출동시킨다면, 우리 또한 이에 대응할 뿐이다."
라고 했다. 이로 말미암아 〈낙랑〉과 우호관계가 단절되었다.

○十年, 秋.九月에 王이 出獵이라가 獲.神鹿하여
십년 추 구월 왕   출렵   획 신록

以送〈馬韓〉하다. 冬.十月에 〈靺鞨〉이 寇.北境하므
이송 마한   동 시월   말갈   구 북경

로 王이 遣兵二百하여 拒戰於〈昆彌川:위치 미상〉上
  왕 견병이백   거전어 곤미천   상

하다. 我軍敗績하여 依.〈靑木山:永平?〉으로 自保하
   아군패적   의 청목산   자보

다. 王이 親帥 精騎一百하고 出〈烽峴:위치 미상〉하
  왕 친솔 정기일백   출 봉현

여 救之하니 賊이 見之하고 卽退하다.
 구지   적 견지   즉퇴

▷ 본문풀이 ◁

　10년, 가을 9월에 왕이 사냥하다가 신기한 사슴을 잡았다. 이
를 〈마한〉에 보냈다. 겨울 10월에, 〈말갈〉이 북부 국경을 침략하
였다. 왕이 200명의 군사를 보내 〈곤미천〉에서 싸웠다. 그러나
우리 군사가 패하여 〈청목산〉을 거점으로 자체 수비를 하고 있
었다. 왕은 직접 100명의 정예 기병을 거느리고 〈봉현〉으로 나
와 구원하였다. 적들이 이를 보고 즉시 퇴각하였다.

○十一年, 夏.四月에 〈樂浪〉이 使〈靺鞨〉로 襲
십일년 하사월   낙랑   사 말갈   습

破〈瓶山〉柵하고 殺掠.一百餘人하다. 秋.七月에
파 병산 책   살략 일백여인   추 칠월

設〈禿山:위치 미상〉과 〈狗川:위치 미상〉, 兩柵하여 以
설 독산   구천   양책   이

塞〈樂浪〉之路하다.
색 낙랑 지로

11년, 여름 4월에 낙랑이 〈말갈〉로 하여금 〈병산〉의 목책을 습격하고 파괴한 다음 100여 명을 죽이거나 사로잡았다. 가을 7월에, 〈독산〉과 〈구천〉 두 곳에 목책을 설치하여 〈낙랑〉으로 가는 길을 차단하였다.

○十三年, 春,二月에 王都에 老嫗가 化爲男하고
십 삼 년 춘 이 월 왕도 노구 화위남

五虎入城하다. 王母,薨하니 年이 六十一歲러라.
오 호 입 성 왕모 훙 년 육 십 일 세

夏,五月에 王이 謂,臣下曰, "國家東有〈樂浪〉하고
하 오 월 왕 위 신 하 왈 국 가 동 유 낙 랑

北有〈靺鞨〉하여 侵軼疆境하여 少有寧日하다. 況
북 유 말 갈 침 질 강 경 소 유 녕 일 황

今妖祥이 屢見하고 國母棄養하니 勢不自安이라
금 요 상 누 현 국 모 기 양 세 불 자 안

必將遷國하리라." 予昨出巡하여 觀〈漢水〉之南하
필 장 천 국 여 작 출 순 관 한 수 지 남

니 土壤膏腴하여 宜都於彼하면 以圖,久安之計리
토 양 고 유 의 도 어 피 이 도 구 안 지 계

라." 하다. 秋,七月에 就,〈漢山:廣州〉下에 立柵하고
추 칠 월 취 한 산 하 입 책

移,〈慰禮城:河北〉民戶하다. 八月에는 遣使〈馬韓〉
이 위 례 성 민 호 팔 월 견 사 마 한

하여 告,遷都하고 遂,畫定疆場하니 北至〈浿河:禮成
고 천 도 수 획 정 강 역 북 지 패 하

江〉하고 南限〈雄川:安城川〉하며 西窮大海하고 東極
남 한 웅 천 서 궁 대 해 동 극

〈走壤:春川〉하다. 九月에는 立,城闕하다.
주 양 구 월 입 성 궐

[老嫗(노구)] : 늙은 할미. [侵軼疆境(침질강경)] : 국경을 침략하다. [妖祥(요상)] : 요상하다. 요사스런 일들. [棄養(기양)] : 세상을 떠남. [膏腴(고유)] : 기름지다. [彊場(강역)] : 국경을 말함. '場'은 '역'으로 읽어야 함. [立城闕(입성궐)] : 성과 대궐을 수축함.

▷ **본문풀이** ◁

13년, 봄 2월에 서울에서 늙은 할미가 남자로 둔갑했고, 다섯 마리의 호랑이가 성 안으로 들어왔다. 왕의 어머니가 사망하니, 나이 61세였다. 여름 5월에, 왕이 신하들에게 말하기를, "동쪽에는 〈낙랑〉이 있고, 북쪽에는 〈말갈〉이 있어 그들이 변경을 침공하여 편안한 날이 없다. 황차 요즈음에는 요사스러운 징조가 자주 보이고 어머님이 세상을 떠나셨으며, 나라의 형세가 불안하다. 반드시 도읍을 옮겨야겠다. 내가 어제 순행하는 중에 〈한수〉의 남쪽을 보니, 토양이 비옥하여 그곳으로 도읍을 옮겨 영원히 평안할 계획을 세워야겠다."고 했다. 가을 7월에, 〈한산〉 아래에 목책을 세우고, 〈위례성〉의 백성을 이주시켰다. 8월에, 〈마한〉에 사신을 보내 도읍을 옮긴다는 것을 알리고, 드디어 국토의 영역을 확정하였으니 북으로는 〈패하〉에 이르고, 남으로는 〈웅천〉이 경계이며, 서로는 큰 바다에 닿고, 동으로는 〈주양〉에 이르렀다. 9월에, 성과 대궐을 수축하였다.

○十四年, 春正月에 遷都하다. 二月에 王이 巡
　십사년　춘정월　　천도　　　이월　　왕　　순

撫部落하여 務勸農事하다. 秋七月에 築城〈漢江〉
무부락　　　　무권농사　　　　　추칠월　　　축성한강

西北하여 分〈漢城〉民하다.
서북　　　　분 한성 민

▶ 어려운 낱말 ◀

[分(분)] : 나누어 이주시킴.

▷ 본문풀이 ◁

　14년, 봄 정월에 도읍을 옮겼다. 2월에, 왕이 부락을 순회하면
서 백성들을 위로하고 농사를 장려하였다. 가을 7월, 〈한강〉 서
북방에 성을 쌓아서 그곳에 〈한성〉 주민의 일부를 이주시켰다.

　○十五年, 春正月에 作新宮室하니 儉而不陋하
　　　십 오 년 춘 정 월　作新宮室　　검 이 불 루
고 華而不侈하다.
　화 이 불 치

▷ 본문풀이 ◁

　15년, 봄 정월에 새 궁실을 지었다. 궁실은 검소하면서도 누추
하지 않았고, 화려하면서도 사치스럽지 않았다.

　○十七年, 春에 〈樂浪〉來侵하여 焚〈慰禮城〉하
　　　십 칠 년 춘　　낙 랑 내 침　　분 위 례 성
다. 夏四月에 立廟以祀國母하다.
　하 사 월　　입 묘 이 사 국 모

17년, 봄에 〈낙랑〉이 침입하여 〈위례성〉을 불태웠다. 여름 4월에, 사당을 세우고 왕의 어머니에게 제사 지냈다.

○十八年, 冬,十月에 〈靺鞨:東濊〉이 掩至하니 王
　　십 팔 년　동 시 월　　말 갈　　　　엄 지　　왕

이 帥兵하여 逆戰於〈七重河:臨津江〉하여 虜獲,酋長
　솔 병　　역 전 어　칠 중 하　　　　　노 획 추 장

「素牟」하여 送〈馬韓〉하고 其.餘賊은 盡坑之하다.
　소 모　　송　마 한　　　기 여 적　　진 갱 지

十一月에 王이 欲襲〈樂浪〉〈牛頭山城:황해도 牛峰?〉
십 일 월　왕　욕 습 낙 랑　우 두 산 성

하여 至〈白谷:위치 미상〉이나 遇,大雪하여 乃還하다.
　　지 구 곡　　　　　　우 대 설　　　내 환

▶ 어려운 낱말 ◀

[盡坑之(진갱지)] : 모두 땅을 파고 묻다.

18년, 겨울 10월에 〈말갈〉이 습격해 오니 왕은 군사를 거느리고 〈칠중하〉에서 그들과 싸워서 추장 「소모」를 생포하여 〈마한〉에 보내고, 그 나머지는 모두 땅을 파고 묻었다. 11월에, 왕이 〈낙랑〉의 〈우두산성〉을 습격하기 위하여 〈구곡〉까지 갔으나 눈을 크게 만나서 이에 되돌아왔다.

○二十年, 春,二月에 王이 設,大壇하고 親祀天
　이 십 년　춘 이 월　　왕　설 대 단　　친 사 천

地에 異鳥,五來翔하다.
　　지　　이 조 오 래 상

▷ 본문풀이 ◁

20년, 봄 2월에 왕이 큰 제단을 설치하고 천지신명에게 직접
제사를 지냈다. 이상한 새 다섯 마리가 그 위를 날았다.

○二十二年, 秋,八月에 築〈石頭:兎山?〉·〈高木:
　　이 십 이 년　추 팔 월　　축 석 두　　　　　　　고 목

連川?〉二城하다. 九月에 王이 帥,騎兵一千하여 獵
　　이 성　　구 월　　왕　솔 기 병 일 천　　　엽

〈斧峴:平康?〉東이러니 遇〈靺鞨〉賊하여 一戰에 破
　　부 현　　　　동　　　우 말 갈 적　　　일 전　　파

之하고 虜獲生口(:捕虜)하여 分賜將士하다.
　지　　노 획 생 구　　　　　　분 사 장 사

▷ 본문풀이 ◁

22년, 가을 8월에 〈석두〉·〈고목〉의 2성을 쌓았다. 9월에, 왕
이 1천 명의 기병을 거느리고 〈부현〉 동쪽 지방에서 사냥을 나갔
더니 〈말갈〉의 도적을 만나 단번에 물리쳤다. 이때 잡은 포로들
을 장병들에게 나누어 주었다.

○二十四年, 秋,七月에 王이 作〈熊川:安城〉柵하
　　이 십 사 년　추 칠 월　　왕　작 웅 천　　　책

다. 〈馬韓〉王이 遣使責讓曰, "王이 初에 渡河하여
　　　마한 왕　 견사 책양 왈　 왕　 초　 도하

無所容足에 吾割東北, 一百里之地하여 安之하니
무소용족　 오할동북 일백리지지　　 안지

其待王, 不爲不厚로다. 宜思有, 以報之어늘 今以,
기대왕 불위불후　　 의사유 이보지　　 금이

國完民聚하여 謂, 莫與我敵하고 大設城池하고 侵
국완민취　 위 막여아적　 대설성지　 침

犯我, 封彊하니 其如義何오?"하니 王이 慙하여 遂
범아 봉강　 기여의하　　 왕　 참　 수

壞其栅하다.
괴 기 책

▶ 어려운 낱말 ◀

[責讓(책양)] : 책망하여 꾸짖다.　[容足(용족)] : 발을 붙이다.

▷ 본문풀이 ◁

24년, 가을 7월에 왕이 〈웅천〉 목책을 세웠다. 〈마한〉왕이 사
신을 보내 책망하기를, "왕이 처음에 강을 건너와 발붙일 곳이 없
을 때, 나는 동북방의 100리 땅을 주어 살도록 하여 내가 왕을 후
하게 대우하지 않았다고 할 수 없다. 그래서 마땅히 이에 보답할
생각을 해야 할 것인데, 지금 나라가 안정되고 백성들이 모여들
어 대적할 자가 없다고 생각하여, 성과 연못을 크게 만들고 우리
의 강토를 침범하니, 이것이 어찌 의리라고 할 수 있는가?" 하니
왕(온조)이 부끄러워하며 목책을 허물었다.

○二十五年, 春二月에 王宮井水가 暴溢하고〈漢
　　이십오년 춘 이월　　왕궁정수　　폭일　　　　한

城〉人家에 馬生牛하니 一首二身이라. 日者曰, "井
성　인가　　마생우　　　일수이신　　　일자왈　　정

水暴溢者는 大王이 勃興之兆也오, 牛一首二身者
수폭일자　　대왕　　발흥지조야　　우일수이신자

는 大王이 幷鄰國之應也니이다."하니 王이 聞之喜
　　대왕　　병인국지응야　　　　　　　왕　　문지희

하고 遂有幷呑〈辰馬〉之心하다.
　　　수유병탄　진마　지심

▶ **어려운 낱말** ◀

　[暴溢(폭일)] : 철철 불어서 넘치다. [勃興(발흥)] : 일어나다.

▷ **본문풀이** ◁

　25년, 봄 2월에 왕궁의 우물이 불어서 철철 흘러 넘쳐 흘렀고,
〈한성〉의 민가에서 말이 소를 낳았는데, 머리는 하나였으며, 몸
은 둘이었다. 일관이 말하기를, "우물이 흘러넘친 것은 대왕께서
융성할 징조이며, 하나의 머리에 몸이 둘인 소가 태어난 것은, 대
왕께서 이웃 나라를 합병할 징조입니다." 왕이 이 말을 듣고 기뻐
하여, 마침내 〈진한〉과 〈마한〉을 합병할 생각을 품게 되었다.

○二十六年, 秋七月에 王曰, "〈馬韓〉漸弱하고
　　이십육년　추칠월　　왕왈　　마한점약

上下離心하니 其勢不能久라. 儻爲他所幷이면 則,
상하이심　　　기세불능구　　당위타소병　　　즉

脣亡齒寒이라, 悔不可及이라. 不如先人而取之가
순망치한　　　회불가급　　　불여선인이취지

以免後艱하리라." 하다. 冬.十月에 王이 出師하며
이 면 후 간　　　　　　　동 시월　　　왕　　　출 사

陽言하여 田獵한다 하고 潛襲〈馬韓〉하여 遂幷其.
양 언　　　전 렵　　　　　잠 습　마 한　　　수 병 기

國邑이나 唯〈圓山〉,〈錦峴〉二城이 固守不下하다.
국 읍　　　유 원 산　　금 현　이 성　　고 수 불 하

▶ 어려운 낱말 ◀

[儻爲(당위)] : 만일 ~한다면. [脣亡齒寒(순망치한)] : 입술이 없으면 이가 시리
다. 즉 주위가 없으면 위협을 받는다는 말. [後艱(후간)] : 뒤에는 더욱 어렵
게 된다는 말. [陽言田獵(양언전렵)] : 사냥을 간다고 하여 거짓말로 속이다.
[陽] : 속이다(양). [潛襲(잠습)] : 몰래 습격하다.

▷ 본문풀이 ◁

　26년, 가을 7월에 왕이 말하기를, "〈마한〉이 점점 약해지고 임
금과 신하가 각각 다른 생각을 하고 있으니, 그 국세가 오래 유지
될 수 없다. 만일 다른 나라가 이들을 합병해 버린다면 '순망치
한'이 되어, 그때는 후회해도 소용없을 것이다. 차라리 남보다 먼
저 빼앗아 후환을 없애는 것이 낫겠다." 했다. 겨울 10월에, 왕이
사냥을 간다고 하고서 군사를 출동시켜 〈마한〉을 기습하였다.
마침내 마한을 합병하였는데, 오직 〈원산〉과 〈금현〉 두 성만은
굳게 수비하고 항복하지 않았다.

　○二十七年, 夏.四月에 二城降이어늘 移其民於
　　　이 십 칠 년　하 사 월　　이 성 항　　　이 기 민 어

〈漢山〉之北하니 〈馬韓〉이 遂滅하다. 秋.七月에 築
한 산 지 북　　　마 한　　수 멸　　　추 칠 월　축

〈大豆山城〉하다.
대 두 산 성

▷ **본문풀이** ◁

27년, 여름 4월에 〈원산〉과 〈금현〉 두 성이 항복하였다. 그곳의 백성들을 〈한산〉 북쪽으로 이주시켰다. 〈마한〉이 마침내 멸망하였다. 가을 7월, 〈대두산성〉을 쌓았다.

○ 二十八年, 春.二月에 立.元子「多婁」하여 爲.
이 십 팔 년 춘 이 월 입 원 자 다 루 위
太子하고 委以內外兵事하다. 夏.四月에 隕霜害麥
태 자 위 이 내 외 병 사 하 사 월 운 상 해 맥
하다.

▷ **본문풀이** ◁

28년, 봄 2월에 왕의 맏아들 「다루」를 태자로 삼고, 그에게 내외의 군사에 관한 일을 맡겼다. 여름 4월에, 서리가 내려 보리가 피해를 입었다.

○ 三十一年, 春.正月에 分國하여 內.民戶를 爲.
삼 십 일 년 춘 정 월 분 국 내 민 호 위
南北部하다. 夏.四月에 雹하고 五月에 地震하며 六
남 북 부 하 사 월 박 오 월 지 진 유
月에 又震하다.
월 우 진

　31년, 봄 정월에 국내의 민가들을 나누어서 남북부를 만들었다. 여름 4월에 우박이 내렸고, 5월에 지진이 났으며, 6월에도 지진이 다시 났다.

　〇三十三年, 春夏,大旱하다. 民饑相食하고 盜賊
　　　삼 십 삼 년　춘 하 대 한　　　민 기 상 식　　　도 적
大起하니 王이 撫安之하다. 秋,八月에 加置,東西
대 기　　왕　　무 안 지　　　추 팔 월　　가 치 동 서
二部하다.
이 부

　33년에, 봄과 여름에 큰 가뭄이 들었다. 백성들이 굶주려 서로 잡아먹었으며, 도적이 많이 일어나 왕이 이들을 위무하여 안정시켰다. 가을 8월에, 동부와 서부의 2부를 더 설치하였다.

　〇三十四年, 冬,十月에 〈馬韓〉舊將「周勤」이
　　　삼 십 사 년　동 시 월　　　마 한 구 장 주 근
據〈牛谷城:위치 미상〉하여 叛하다. 王이 躬帥,兵五
거 우 곡 성　　　　　　　　　반　　　왕　　궁 솔 병 오
千하여 討之하니 「周勤」이 自經하다. 腰斬其尸하
천　　　토 지　　　주 근　　　자 경　　　요 참 기 시
고 幷誅,其妻子하다.
병 주 기 처 자

34년, 겨울 10월에 〈마한〉의 옛 장수 「주근」이 〈우곡성〉을 거점으로 반란을 일으켰다. 왕이 직접 5천 명의 군사를 거느리고 공격하였다. 「주근」은 목매어 자결하였다. 그 시체의 허리를 자르고 처자들도 죽였다.

○三十六年, 秋,七月에 築,〈湯井城:溫陽〉하고 分,
　　삼 십 육 년　추 칠 월　　축　탕 정 성　　　　　분
〈大豆城〉民户하여 居之하다. 八月에 修葺〈圓
　대 두 성　민 호　　　　거 지　　　팔 월　　수 즙　원
山〉·〈錦峴〉二城하고 築,〈古沙夫里城:古阜〉하다.
산　　금 현　이 성　　　축　고 사 부 리 성

36년, 가을 7월에 〈탕정성〉과 〈대두성〉을 쌓고, 백성의 일부를 거기에 이주시켰다. 8월에, 〈원산〉과 〈금현〉의 두 성을 수리하고, 〈고사부리성〉을 쌓았다.

○三十七年, 春,三月에 雹大如,雞子하고 鳥雀
　　삼 십 칠 년　춘 삼 월　　박 대 여 계 자　　　조 작
遇者死하다. 夏,四月에 旱하여 至六月,乃雨하다.
우 자 사　　　하 사 월　　한　　　지 유 월 내 우
〈漢水〉東北部落이 饑荒하여 亡入〈高句麗〉者가
　한 수　동 북 부 락　　기 황　　　망 입　고 구 려　자
一千餘户하니 〈浿:예성강〉·〈帶:임진강〉之間이 空
일 천 여 호　　　패　　　　　대　　　　지 간　공
無居人하다.
무 거 인

[雞子(계자)] : 달걀.　[鳥雀(조작)] : 참새.

▷ 본문풀이 ◁

37년, 봄 3월에 크기가 달걀 정도인 우박이 내려 새가 맞아 죽었
다. 여름, 4월부터 가물다가 6월에 이르러서야 비가 내렸다. 〈한수〉
의 동북 부락에 흉년이 들어, 〈고구려〉로 도망간 자가 1천여 호에
달하였고, 〈패수〉와 〈대수〉 사이에는 공허하여 사는 사람이 없었
다.

○三十八年, 春,二月에 王이 巡撫하여 東至〈走
　　　삼십팔년　춘 이월　　왕　　순무　　　동지주

壤:春川〉하고 北至〈浿河〉하여 五旬而返하다. 三月
양　　　　북지 패하　　　　오순이반　　　　삼월

에 發使勸,農桑하고 其以不急之事와 撓民者는 皆
　발사권농상　　　기이불급지사　　요민자　　개

除之하다. 冬十月에 王이 築,大壇하고 祀,天地하다.
제지　　　동시월　왕　축 대단　　　사 천지

▷ 본문풀이 ◁

38년, 봄 2월에 왕이 순무하여 동으로 〈주양〉, 북으로 〈패하〉
까지 갔다가 50일 만에 돌아왔다. 3월에, 왕이 사람을 보내 농업
과 잠업을 권장하고, 급하지 않은 일로 백성들을 괴롭히는 부역
을 모두 없앴다. 겨울 10월에, 왕이 큰 제단을 만들고 천지의 신
에게 제사를 지냈다.

○四十年, 秋,九月에 〈靺鞨:東濊〉이 來攻〈述川
사십년 추구월 말갈 내공 술천
城:驪州〉하다. 冬,十一月에 又襲〈釜峴城:平康?〉하여
성 동십일월 우습 부현성
殺掠,百餘人하니 王이 命,勁騎二百하여 拒擊之하
살략 백여인 왕 명 경기이백 거격지
다.

▶ 어려운 낱말 ◀

[殺掠(살략)] : 노략질하고 죽임. [拒擊(거격)] : 막아서 치다.

▷ 본문풀이 ◁

40년, 가을 9월에 〈말갈〉이 〈술천성〉을 침공하였다. 겨울 11
월에, 〈말갈〉이 다시 〈부현성〉을 습격하여 백여 명을 죽이고 약
탈하였다. 왕이 2백 명의 정예 기병을 보내 방어하였다.

○四十一年, 春,正月에 右輔「乙音」이 卒하고
사십일년 춘 정월 우보 을음 졸
拜,北部「解婁」하여 爲,右輔하다. 「解婁」는 本〈扶
배 북부 해루 위 우보 해루 본 부
餘〉人也라. 神識淵奧하고 年過七十에 膂力不愆
여 인야 신식연오 연과칠십 여력불건
이라 故로 用之하다. 二月에 發〈漢水〉東北諸,部落
고 용지 이월 발 한수 동북제 부락
人으로 年十五歲以上하여 修營〈慰禮城〉하다.
인 연십오세이상 수영 위례성

[神識淵奧(신식연오)] : 심오한 지식. [膂力不愆(여력불건)] : 체력. 지체의 힘이 별다른 흠이 없음.

▷ 본문풀이 ◁

41년, 봄 정월에 우보 「을음」이 죽자, 북부의 「해루」를 우보로 임명하였다. 「해루」는 본래 〈부여〉 사람이었다. 그는 도량이 넓고 식견이 깊으며, 70세가 넘었으나 체력이 건장하여 등용한 것이다. 2월에, 〈한수〉 동북의 여러 부락의 15세 이상 되는 사람으로 징발하여 〈위례성〉을 중수하였다.

○四十三年, 秋,八月에 王이 田〈牙山:지금의 牙山〉之原,五日하다. 九月에 鴻雁百餘가 集,王宮하다. 日者曰, "鴻雁은 民之象也라 將有遠人 來投者乎리다." 하다. 冬,十月에 〈南沃沮〉「仇頗解」等의 二十餘家가 至〈斧壤:평강〉하여 納款이어늘 王이 納之하여 安置〈漢山〉之西하다.

▶ 어려운 낱말 ◀

[田(전)] : 田獵. 사냥. [日者(일자)] : 日官. [納款(납관)] : 귀의하다. 誓詞를 보냄.

▷ 본문풀이 ◁

43년, 가을 8월에 왕이 5일 동안 〈아산〉 벌에서 사냥하였다. 9월에, 1백여 마리의 기러기가 왕궁에 모였다. 점치는 자가 말하기를, "기러기는 백성의 상징이므로, 장차 먼 곳에서 귀순하여 오는 사람들이 있을 것입니다." 했다. 겨울 10월에, 〈남옥저〉의 「구파해」 등 20여 명이 〈부양〉에 와서 귀순하였다. 왕은 이들을 받아들여 〈한산〉 서쪽에 거주하도록 하였다.

○四十五年, 春夏大旱하여 草木焦枯하다. 冬十
　　사 십 오 년　춘 하 대 한　　　초 목 초 고　　　　동 시
月에 地震하여 傾倒人屋하다.
월　　지 진　　　경 도 인 옥

▷ 본문풀이 ◁

45년, 봄과 여름에 큰 가뭄이 들어 초목이 말랐다. 겨울 10월, 지진이 발생하여 백성들의 가옥이 기울거나 쓰러졌다.

○四十六年, 春二月에 王薨하다.
　　사 십 육 년　춘 이 월　　왕 훙

▷ 본문풀이 ◁

46년, 봄 2월에 왕이 서거하였다.

2 | 多婁王(다루왕) : 28~77

○『多婁王』은『溫祚王』之,元子이니 器宇寬厚하
고 有,威望하다.『溫祚王』在位第,二十八年에 立
爲太子하여 至,四十六年에 王薨하니 繼位하다.

▷ 본문풀이 ◁

『다루왕』은『온조왕』의 맏아들이다. 그는 도량이 넓고 명망이
높았다.『온조왕』재위 28년에 태자가 되었고, 46년에, 왕이 사망
하자, 그 뒤를 이었다.

○二年, 春,正月에 王이 謁,始祖『東明』廟하다.
二月에 王이 祀,天地於南壇하다.

▷ 본문풀이 ◁

2년 봄 정월, 왕이 시조『동명왕』의 사당에 배알하였다. 2월,
왕이 남쪽 제단에서 천지신명에게 제사를 지냈다.

○三年, 冬,十月에 東部「屹于」가 與〈靺鞨〉로

戰於〈馬首山:金化?〉西하여 克之하고 殺獲甚衆하
다. 王喜하여 賞「屹于」하되 馬.十匹과 租.五百石하
다.

▷ 본문풀이 ◁

3년, 겨울 10월에 동부「흘우」가 〈마수산〉 서쪽에서 〈말갈〉과
싸워 승리하였으니 여기서 죽이거나 생포한 자가 매우 많았다. 왕
이 기뻐하여 「흘우」에게 말 열 필과 벼 5백 석을 상으로 주었다.

○四年, 秋.八月에 〈高木城:連川?〉「昆優」가 與
〈靺鞨〉戰으로 大克하여 斬首.二百餘級하다. 九月
에 王田於〈橫岳:위치 미상〉下하여 連中.雙鹿하니 衆
人이 歎美之하다.

▷ 본문풀이 ◁

4년, 가을 8월에 〈고목성〉「곤우」가 〈말갈〉과 싸워 크게 이겼
다. 2백여 명의 머리를 베었다. 9월에, 왕이 〈횡악〉 아래에서 사
냥하다가 연이어 두 마리의 사슴을 적중시켰다. 많은 사람들이
감탄하고 칭찬하였다.

○六年, 春,正月에 立,元子「己婁」하여 爲,太子하
　　　　　육　년　춘　정　월　　입원자기루　　　　　　위태자
다. 大赦하다. 二月에 下令,國南州郡하여 始作,稻
　　대　사　　　이월　　　하령국남주군　　　　　시　작　도
田하다.
전

▶ 어려운 낱말 ◀

[稻田(도전)] : 벼농사.

▷ 본문풀이 ◁

6년, 봄 정월에 왕의 맏아들 「기루」를 태자로 삼았다. 죄수들
을 크게 사면하였다. 2월, 남쪽 주군에 명령하여 처음으로 논에
서 쌀농사를 짓도록 하였다.

○七年, 春,二月에 右輔「解婁」卒하니 年,九十歲
　　　　　칠　년　춘　이월　　우보해루졸　　　　　년구십세
러라. 以,東部「屹于」로 爲,右輔하다. 夏四月, 東方
　　　　이,동부흘우　　로　위,우보　　　　하　사월　동방
에 有,赤氣하다. 秋九月에 〈靺鞨〉이 攻陷〈馬首城:
　　유적기　　　　　　추구월　　　　말갈　　　공함마수성
金化?〉하여 放火하고 燒,百姓廬屋하다. 冬十月에 又
　　　　　　　방화　　　소백성여옥　　　　동시월　　우
襲〈瓶山〉柵하다.
습　병산　책

▷ 본문풀이 ◁

7년, 봄 2월에 우보 「해루」가 죽으니, 나이 90살이었다. 동부 「흘

우」를 우보로 삼았다. 여름 4월에, 동방에 붉은 기운이 나타났다. 가을 9월에, 〈말갈〉이 〈마수성〉을 침공하여 함락시키고 불을 질러 백성들의 집을 태웠다. 겨울 10월에, 그들이 또 〈병산〉책을 습격하였다.

○ 十年, 冬, 十月에 右輔「屹于」로 爲, 左輔하고
　　십년　동　시월　　우보　흘우　　　위　좌보
北部「眞會」로 爲, 右輔하다. 十一月에 地震하니 聲
북부　진회　　로　위　우보　　　십일월　　지진　　　성
如雷하다.
여　뢰

▷ 본문풀이 ◁

10년, 겨울 10월에 우보 「흘우」를 좌보로 삼고, 북부의 「진회」로 우보로 삼았다. 11월에, 지진이 났는데 소리가 우레 같았다.

○ 十一年, 秋에 穀不成하여 禁, 百姓私釀酒하다.
　　십일년　추　곡불성　　　금　백성사양주
冬, 十月에 王이 巡撫東西兩部하여 貧不能, 自存
동　시월　　왕　순무동서양부　　　빈불능　자존
者에 給穀人, 二石하다.
자　급곡인　이석

▷ 본문풀이 ◁

11년, 가을에 곡식이 잘 익지 않았기 때문에 백성들이 사사로이 술 빚는 것을 금하였다. 겨울 10월, 왕이 동서 양부를 순회하

며 백성들을 위무하고, 가난하여 자력으로 살 수 없는 자들에게
는 일인당 곡식 두 섬을 주었다.

○二十一年, 春.二月에 宮中.大槐樹.自枯하다.
이 십 일 년 춘 이 월   궁 중 대 괴 수 자 고

三月에 左輔「屹于」卒하니 王이 哭之哀하다.
삼 월   좌 보 흘 우 졸   왕   곡 지 애

▷ **본문풀이** ◁

21년, 봄 2월에 왕궁 뜰에 있는 큰 홰나무가 저절로 말라 죽었
다. 3월, 좌보 「흘우」가 사망하자, 왕이 슬프게 울었다.

○二十八年, 春夏旱하다. 慮囚하여 赦.死罪하다.
이 십 팔 년 춘 하 한   여 수   사 사 죄

秋八月에 〈靺鞨〉이 侵.北鄙하다.
추 팔 월   말 갈   침 북 비

▷ **본문풀이** ◁

28년, 봄과 여름이 가물었다. 죄수들을 재심사하고 사형수들
을 사면하였다. 가을 8월, 〈말갈〉이 북쪽 변경을 침범하였다.

○二十九年, 春.二月에 王이 命.東部하여 築〈牛
이 십 구 년 춘 이 월   왕   명 동 부   축 우

谷城:위치 미상〉하고 以備〈靺鞨〉하다.
곡 성   이 비 말 갈

▷ 본문풀이 ◁

29년 봄 2월, 왕이 동부에 명령하여 〈우곡성〉을 쌓아 〈말갈〉을 방어하게 하였다.

○三十六年, 冬十月에 王이 拓地至〈娘子谷城:
청주〉하다. 仍遣使〈新羅〉請會하나 不從하다.

▷ 본문풀이 ◁

36년, 겨울 10월에 왕이 〈낭자곡성〉까지 영토를 개척하였다. 〈신라〉왕에게 사신을 보내 만나기를 요청하였으나 신라는 따르지 않았다.

○三十七年, 王이 遣兵攻〈新羅〉〈蛙山城:報恩〉
이나 不克하고 移兵〈狗壤城:沃川?〉하다. 〈新羅〉가
發騎兵二千이나 逆擊走之하다.

▷ 본문풀이 ◁

37년, 왕이 군사를 보내 〈신라〉의 〈와산성〉을 공격하였으나 승리하지 못하고, 군사를 옮겨 〈구양성〉을 공격하였다. 〈신라〉가 기병 2천 명을 발하였으나 우리 군사는 이들과 대적하여 물리쳤다.

○三十九年, 攻取〈蛙山城: 보은〉하고 留.二百人
삼 십 구 년 공 취 와 산 성   유 이 백 인

하여 守之라가 尋爲〈新羅〉에 所敗하다.
수 지   심 위 신 라   소 패

▶ 어려운 낱말 ◀

[尋爲(심위)] : 얼마 아니하여. [所敗(소패)] : 패배 당함.

▷ 본문풀이 ◁

39년에, 〈와산성〉을 공격해서 빼앗고, 군사 2백 명을 그곳에
두어 수비하게 하였다. 그러나 얼마 아니하여 〈신라〉에게 쫓겨났
다.

○四十三年, 遣兵侵〈新羅〉하다.
사 십 삼 년 견 병 침 신 라

▷ 본문풀이 ◁

43년에, 군사를 보내 〈신라〉를 침공하였다.

○四十六年, 夏.五月戊午.晦에 日有食之하다.
사 십 육 년 하 오 월 무 오 회   일 유 식 지

▷ 본문풀이 ◁

46년, 여름 5월 그믐 무오일에 일식이 있었다.

○四十七年, 秋,八月에 遣將侵〈新羅〉하다.
사 십 칠 년 추 팔 월　견 장 침 신 라

▷ **본문풀이** ◁

47년, 가을 8월에 장수를 보내 〈신라〉를 침공하였다.

○四十八年, 冬,十月에 又攻〈蛙山城:보은〉하여
사 십 팔 년 동 시 월　우 공 와 산 성

拔之하다.
발 지

▷ **본문풀이** ◁

48년, 겨울 10월에 다시 〈와산성〉을 공격하여 함락시켰다.

○四十九年, 秋,九月에 〈蛙山城〉을 爲〈新羅〉가
사 십 구 년 추 구 월　와 산 성　위 신 라

所復하다.
소 복

▷ **본문풀이** ◁

49년, 가을 9월에 〈와산성〉을 〈신라〉가 회복하게 되었다.

○五十年, 秋,九月에 王薨하다.
오 십 년 추 구 월　왕 훙

▷ **본문풀이** ◁

50년, 가을 9월에 왕이 서거하였다.

3 | 己婁王(기루왕) : 77~128

○『己婁王』은『多婁王』之元子이니 志識宏遠하
여 不留心細事하다.『多婁王』, 在位第六年에 立
爲太子하여 至五十年에 王薨하니 繼位하다.

▶ 어려운 낱말 ◀

[志識(지식)] : 식견. [宏遠(굉원)] : 넓고 크다.

▷ 본문풀이 ◁

『기루왕』은『다루왕』의 맏아들이니, 뜻과 식견이 넓고 원대하
여 세심한 일에는 마음을 두지 않았다. 그는『다루왕』재위 6년에
태자가 되었고, 50년에 왕이 사망하자 즉위하였다.

○九年, 春正月에 遣兵侵〈新羅〉邊境하다. 夏
四月乙巳에 客星이 入紫微하다.

▷ 본문풀이 ◁

9년, 봄 정월에 군사를 보내〈신라〉의 변경을 침공하였다. 여
름 4월, 을사에 객성이 자미 성좌로 들어갔다.

○ 十一年, 秋, 八月乙未, 晦에 日有食之하다.
십 일 년 추 팔 월 을 미 회 　 일 유 식 지

11년, 가을 8월 그믐 을미일에 일식이 있었다.

○ 十三年, 夏, 六月에 地震하여 裂陷民屋하고 死
십 삼 년 하 육 월 　 지 진 　 열 함 민 옥 　 사
者多하다.
자 다

▶ 어려운 낱말 ◀

[裂陷(열함)] : 찢어지고 갈라짐.

▷ 본문풀이 ◁

13년, 여름 6월에 지진이 나서 땅이 갈라지고 주민들의 가옥이
무너지고 사망자가 많았다.

○ 十四年, 春, 三月에 大旱하고 無麥하다. 夏, 六
십 사 년 춘 삼 월 　 대 한 　 무 맥 　 하 유
月에 大風拔木하다.
월 　 대 풍 발 목

▷ 본문풀이 ◁

14년, 봄 3월에 큰 가뭄이 들어 보리가 나지 않았다. 여름 6월
에, 큰 바람이 불어 나무가 뽑혀 쓰러졌다.

○十六年, 夏,六月戊戌,朔에 日有食之하다.
　　십 육 년 하 유 월 무 술 삭 　　일 유 식 지

▷ 본문풀이 ◁

16년, 여름 6월 초하루 무술일에 일식이 있었다.

○十七年, 秋,八月에 〈橫岳:위치 미상〉의 大石,五
　　십 칠 년 추 팔 월 　　　　횡 악 　　　　　　　　대 석 오
가 一時隕落하다.
　　일 시 운 락

▷ 본문풀이 ◁

17년, 가을 8월에 〈횡악〉의 큰 바위 다섯 개가 일시에 떨어졌다.

○二十一年, 夏,四月에 二龍이 見〈漢江〉하다.
　　이 십 일 년 하 사 월 　　이 룡 　현 한 강

▷ 본문풀이 ◁

21년, 여름 4월에 두 마리 용이 〈한강〉에 나타났다.

○二十三年, 秋,八月에 隕霜殺菽하다. 冬,十月
　　이 십 삼 년 추 팔 월 　　운 상 살 숙 　　　　동 시 월
에 雨雹하다.
　　우 박

23년, 가을 8월에 서리가 내려 콩이 죽었다. 겨울 10월에, 우박이 내렸다.

○二十七年, 王獵〈漢山〉하다가 獲 神鹿하다.
　이 십 칠 년　왕 렵 한 산　　　획 신 록

27년, 왕이 〈한산〉에서 사냥하다가 신비한 사슴을 잡았다.

○二十九年, 遣使〈新羅〉하여 請和하다.
　이 십 구 년　견 사 신 라　　　청 화

29년, 〈신라〉에 사신을 보내 화친을 요청했다.

○三十一年, 冬에 無氷하다.
　삼 십 일 년　동　무 빙

31년에, 겨울에 얼음이 얼지 않았다.

○三十二年, 春夏旱하여 年饑하여 民,相食하다.
　삼 십 이 년　춘 하 한　　년 기　　　민 상 식

秋,七月에〈靺鞨〉이 入〈牛谷:위치 미상〉하여 奪掠,
추 칠 월　　말 갈　　입 우 곡　　　　　　탈 략

民口而歸하다.
민 구 이 귀

▷ 본문풀이 ◁

32년, 봄과 여름에 날이 가물어서 흉년이 들고 그래서 백성들이 서로 잡아먹었다. 가을 7월에, 〈말갈〉이 〈우곡〉에 침입하여 백성들을 약탈하고 돌아갔다.

○三十五年, 春,三月에 地震하다. 冬,十月에 又
　삼 십 오 년　춘 삼 월　　지 진　　　동 시 월　　우
震하다.
진

▷ 본문풀이 ◁

35년, 봄 3월에 지진이 났다. 겨울 10월에, 또 여진이 있었다.

○三十七年에 遣使騁〈新羅〉하다.
　삼 십 칠 년　　견 사 빙　신 라

▷ 본문풀이 ◁

37년에, 〈신라〉에 사신을 보내 예빙하였다.

○四十年, 夏,四月에 鶴巢于,都城門上하다. 六
　사 십 년　하 사 월　　학 소 우 도 성 문 상　　유
月에 浹旬大雨하니 〈漢江〉이 水漲하여 漂毁民屋
월　　협 순 대 우　　　한 강　　수 창　　　표 훼 민 옥하다. 秋,七月에 命,有司하여 補,水損之田하다.
추 칠 월　　명 유 사　　　보 수 손 지 전

▶ 어려운 낱말 ◀

[巢于(소우)] : 새가 집을 짓다. [浹旬(협순)] : 열흘 동안. [水漲(수창)] : 물이 불어나 흘러넘치다. [漂毀(표훼)] : 물에 잠기고 훼손됨.

▷ 본문풀이 ◁

40년, 여름 4월에 서울 성문 위에 황새가 둥지를 틀었다. 6월, 열흘 동안 큰 비가 내려서 〈한강〉물이 넘쳐서 주민들의 가옥이 유실되었다. 가을 7월에, 관리에게 명령하여 수해를 당한 논밭을 보수하게 하였다.

○四十九年에 〈新羅〉가 爲,〈靺鞨〉所,侵掠하니
사 십 구 년　　신 라　　위　말 갈 소 침 략

移書請兵이어늘 王이 遣,五將軍하여 救之하다.
이 서 청 병　　　　왕　　견 오 장 군　　　구 지

▷ 본문풀이 ◁

49년에, 〈신라〉가 〈말갈〉에게 침략을 당하자 서신을 보내와 구원병을 요청하였다. 왕이 다섯 명의 장수를 보내 구원하게 하였다.

○五十二年, 冬,十一月에 王薨하다.
오 십 이 년　　동 십 일 월　　왕 훙

52년, 겨울 11월에 왕이 서거하였다.

4 蓋婁王(개루왕) : 128~166

○『蓋婁王』은 『己婁王』之子이니 性恭順하고
有.操行하다. 『己婁』가 在位.五十二年에 薨하고
卽位하다.

『개루왕』은 『기루왕』의 아들이다. 그는 성격이 공손하고 행동
이 올바랐다. 『기루왕』이 재위 52년에 사망하자, 그가 즉위하였
다.

○四年, 夏.四月에 王獵〈漢山〉하다.

4년, 여름 4월에 왕이 〈한산〉에 사냥을 나갔다.

○ 五年, 春, 二月에 築〈北漢山城〉하다.
오 년 춘 이 월 축 북 한 산 성

▷ **본문풀이** ◁

5년, 봄 2월에 〈북한산성〉을 쌓았다.

○ 十年, 秋, 八月庚子에 熒惑이 犯, 南斗하다.
십 년 추 팔 월 경 자 형 혹 범 남 두

▷ **본문풀이** ◁

10년, 가을 8월 경자년에 형혹성이 남두 성좌를 범하였다.

○ 二十八年, 春, 正月, 丙申, 晦에 日有食之하다.
이 십 팔 년 춘 정 월 병 신 회 일 유 식 지
冬, 十月에 〈新羅〉阿湌「吉宣」이 謀叛하다가 事露
동 시 월 신 라 아 찬 길 선 모 반 사 로
來奔하다. 〈羅〉王이 移書請之나 不送하다. 〈羅〉王
내 분 나 왕 이 서 청 지 불 송 나 왕
이 怒하여 出師來伐이나 諸城이 堅壁하고 自守不
노 출 사 래 벌 제 성 견 벽 자 수 불
出하니 〈羅〉兵이 絶糧而歸하다.
출 나 병 절 량 이 귀

▷ **본문풀이** ◁

28년, 봄 정월 그믐 병신일에 일식이 있었다. 겨울 10월, 〈신라〉의 아찬 「길선」이 반역을 도모하다가 발각되자, 우리나라로 도망

해왔다. 〈신라〉왕이 글을 보내 소환을 요청하였다. 그러나 그를
보내지 않았다. 〈신라〉왕이 노하여 군사를 출동시켜 공격해왔으
나 모든 성이 굳게 방어하고 나아가 싸우지 않았다. 〈신라〉 군사
들은 군량이 떨어져 돌아갔다.

○論曰, 〈春秋〉時에 「莒僕」이 來奔〈魯〉어늘
논왈 춘추 시 거복 내분 노
「季文子:魯大夫」曰, "見,有禮於,其君者면 事之如,
계문자 왈 견유례어기군자 사지여
孝子之養父母也니 見,無禮於其君者면 誅之如,
효자지양부모야 견무례어기군자 주지여
鷹鸇之逐,鳥雀也라. 觀「莒僕」하니 不度於,善而
응전지축조작야 관 거복 부도어선이
在於凶德이라 是以로 去之라."하다. 今「吉宣」은
재어흉덕 시이 거지 금길선
亦,姦賊之人이라 〈百濟〉王이 納而匿之하니 是謂
역간적지인 백제왕 납이닉지 시위
'掩賊爲藏'者也니라. 由是로 失,鄰國之和하고 使
엄적위장 자야 유시 실린국지화 사
民困於,兵革之役으로 其,不明이 甚矣니라.
민곤어병혁지역 기불명 심의

▶ 어려운 낱말 ◀

[鷹鸇(응전)]: 새를 잡는 매와 새매. [姦賊(간적)]: 간사한 도적. [掩賊爲藏(엄
적위장)]: 적을 가리고 감추는 일.

【 저자의 견해 】

춘추시대에 「거복」이 〈노〉나라로 도망해왔거늘, 「계문자」가

말하기를,

　"자기 임금에게 예절이 있는 자를 보면, 임금 섬기기를 마치 효자가 부모를 봉양하는 것같이 하며, 자기 임금에게 예절이 없는 자를 보면, 임금 죽이기를 마치 매가 참새를 쫓는 것같이 한다. 「거복」을 보니 그의 뜻이 선한 데 있지 않고 악한 데 있기 때문에 그를 쫓아버리노라." 지금 보면 「길선」도 역시 간사한 역적인데 〈백제〉왕이 그를 받아들여 숨겨 주었으니 이야말로 도적을 비호하여 탐오를 함께 하는 격이다. 이로 말미암아 이웃 나라와 화친함을 잃고 백성들로 하여금 병역에 시달리게 하였으니, 그는 심히 현명하지 못했다.

○三十九年에 王薨하다.
　삼 십 구 년　　왕 홍

▷ 본문풀이 ◁

　39년에, 왕이 서거하였다.

5 肖古王(초고왕) : 166~214

○『肖古王』[一云「素古」]은 『蓋婁王』之 子이니 「蓋
　초 고 왕　　　　　　　　　　개 루 왕 지 자　　　　개

婁」在位,三十九年에 薨하여 嗣位하다.
루 재위 삼십구년 홍 사위

▷ 본문풀이 ◁

『초고왕』【「소고」라고도 한다.】은 『개루왕』의 아들이다. 『개루왕』
이 재위 39년에 서거하니, 그의 뒤를 이었다.

○二年, 秋,七月에 潛師하여 襲破〈新羅〉西鄙,二
이 년 추 칠월 잠사 습파신라 서비이

城하고 虜獲,男女一千而還하다. 八月에 〈羅〉王이
성 노획남녀일천이환 팔월 나 왕

遣,一吉「興宣」하여 領兵二萬하고 來侵國東諸城
견일길 흥선 영병이만 내침국동제성

하다. 〈羅〉王이 又,親帥精騎八千으로 繼之하여 掩
나 왕 우친솔정기팔천 계지 엄

至〈漢水〉하다. 王은 度〈羅〉兵衆하여 不可敵이라
지 한수 왕 탁나병중 불가적

하고 乃,還前所掠하다.
내 환전소략

▶ 어려운 낱말 ◀

[潛師(잠사)] : 몰래 군사를 이끌고 가다. [虜獲(노획)] : 사로잡다.

▷ 본문풀이 ◁

2년, 가을 7월에 군사를 몰래 보내 〈신라〉의 서쪽 변경에 있는
두 성을 격파하고 남녀 1천 명을 사로잡아 돌아왔다. 8월에, 〈신
라〉왕이 일길찬 「흥선」으로 하여금 군사 2만 명을 거느리고 와서

동쪽의 여러 성을 침공하게 하였다. 〈신라〉왕이 또한 친히 정예 기병 8천 명을 거느리고 뒤를 이어 〈한수〉까지 진격해왔다. 왕은 〈신라〉군이 많아서 대적할 수 없다고 요량하여, 곧 이전에 빼앗았던 성을 돌려주었다.

○五年, 春.三月丙寅.晦에 日有食之하다. 冬.十
　　오 년　춘 삼 월 병 인 회　　일 유 식 지　　　　동 시
月에 出兵侵〈新羅〉邊鄙하다.
월　　출 병 침　신 라　변 비

▷ **본문풀이** ◁

5년, 봄 3월 그믐 병인에 일식이 있었다. 겨울 10월에, 군사를 출동시켜 〈신라〉의 변경을 침공하였다.

○二十一年, 冬.十月에 無雲而雷하다. 星孛于.
　　이 십 일 년　동 시 월　　무 운 이 뢰　　　성 패 우
西北하여 二十日而滅하다.
서 북　　　이 십 일 이 멸

▷ **본문풀이** ◁

21년, 겨울 10월에 구름 없는 날에 우레가 쳤고, 혜성이 서북쪽에 나타났다가 20일이 되어 사라졌다.

○二十二年, 夏.五月에 王都井.及〈漢水〉皆竭하
　　이 십 이 년　하 오 월　　왕 도 정 급　한 수　개 갈
다.

22년, 여름 5월에 서울의 우물과 〈한수〉가 모두 말랐다.

○ 二十三年, 春, 二月에 重修宮室하다. 出師攻
　　이 십 삼 년　춘 이 월　　중 수 궁 실　　　출 사 공
〈新羅〉〈母山城〉하다.
　신 라　모 산 성

23년, 봄 2월에 궁실을 중수하였다. 군사를 출동하여 〈신라〉
의 〈모산성〉을 공격하였다.

○ 二十四年, 夏, 四月丙午, 朔에 日有食之하다.
　　이 십 사 년　하 사 월 병 오 삭　　일 유 식 지
秋, 七月에 我軍이 與〈新羅〉로 戰於〈狗壤〉하다가
추 칠 월　아 군　여 신 라　　전 어 구 양
敗北하여 死者, 五百餘人이러라.
패 배　　사 자 오 백 여 인

24년, 여름 4월 초하루 병오일에 일식이 있었다. 가을 7월에,
우리 군사가 〈신라〉와 〈구양〉에서 싸우다가 패배하여 죽은 자가
5백여 명이나 되었다.

○ 二十五年, 秋, 八月에 出兵, 襲〈新羅〉西境〈圓
　　이 십 오 년　추 팔 월　　출 병 습 신 라 서 경　원

山鄉:聞慶 龍宮?〉하고 進圍〈缶谷城:義城缶溪〉하다.

〈新羅〉將軍「仇道」가 帥.馬兵五百하고 拒之하다.

我兵佯退하니 「仇道」追至〈蛙山:報恩〉하여 我兵.

反擊之하여 大克하다.

▷ 본문풀이 ◁

25년, 가을 8월에 군사를 출동시켜 〈신라〉 서쪽 국경에 있는 〈원산향〉을 공격하고, 더 진격하여 〈부곡성〉을 포위했다. 〈신라〉 장수 「구도」가 기병 5백 명을 거느리고 저항하였다. 우리 군사가 거짓으로 후퇴하는 척하니, 「구도」는 〈와산〉까지 추격해왔다. 이 때 우리 군사가 반격하여 크게 승리를 거두었다.

○二十六年, 秋.九月에 蚩尤旗가 見于.角亢하다.

▷ 본문풀이 ◁

26년, 가을 9월에 치우기별이 각성과 항성 성좌에 나타났다.

○三十四年, 秋.七月에 地震하다. 遣兵하여 侵〈新羅〉邊境하다.

34년, 가을 7월에 지진이 났다. 군사를 보내 〈신라〉변경을 침략하였다.

○三十九年, 秋.七月에 出兵攻〈新羅〉〈腰車城:
　　삼 십 구 년　추 칠 월　　출 병 공 신 라　　요 거 성
尙州 舊要濟院?〉하여 拔之하고 殺其城主「薛夫」하다.
　　　　　　　　　　　　발 지　　　　살 기 성 주 설 부
〈羅〉王「奈解」怒하여 命.伊伐湌〈利音〉을 爲將하
　나　왕 나 해　노　　명 이 벌 찬 이 음　을　위 장
여 帥.六部精兵하고 來攻我〈沙峴城:위치 미상〉하다.
　솔 육 부 정 병　　　내 공 아 사 현 성
冬.十月에 星孛于.東井하다.
동 십 월　　성 패 우 동 정

▶ 어려운 낱말 ◀

[腰] : 허리(요). [奈(내,나)] : 어찌. [峴] : 재, 고개(현).

▷ 본문풀이 ◁

39년, 가을 7월에 군사를 출동시켜 〈신라〉의 〈요거성〉을 공략하여 성주 「설부」를 죽였다. 〈신라〉왕 「나해」가 노하여 이벌찬 「이음」을 장수로 삼아 6부의 정예군을 거느리고 와서 우리의 〈사현성〉을 치게 하였다. 겨울 10월에, 혜성이 동정 성좌에 나타났다.

○四十年, 秋.七月에 太白犯月하다.
　사 십 년　추 칠 월　　태 백 범 월

40년, 가을 7월에 태백성이 달을 범하였다.

○四十三年, 秋에 蝗하고 旱하여 穀不順成하고
　　사 십 삼 년　추　황　　　한　　　곡 불 순 성
盜賊多起하여 王撫安之하다.
도 적 다 기　　　왕 무 안 지

43년, 가을에 메뚜기 떼가 생기고 가물어서 곡식이 잘 익지 않
았고, 도적이 많이 일어나서 왕이 백성들을 위무하여 안정시켰다.

○四十四年, 冬,十月에 大風拔木하다.
　　사 십 사 년　동 시 월　　대 풍 발 목

44년, 겨울 10월에 큰 바람이 불어 나무가 뽑혔다.

○四十五年, 春,二月에 築〈赤峴:위치 미상〉·〈沙
　　사 십 오 년　춘 이 월　　축 적 현　　　　　　　　　사
道:위치 미상〉二城하고 移,東部民户하다. 冬,十月에
도　　　　　　　이 성　　　이 동 부 민 호　　　　동 시 월
〈靺鞨〉來攻〈沙道城〉이나 不克하고 焚燒,城門而
말 갈　내 공　사 도 성　　　　불 극　　　분 소 성 문 이
遁하다.
둔

[焚燒(분소)] : 태우다. [遁] : 도망(둔).

▷ 본문풀이 ◁

45년, 봄 2월에 〈적현성〉과 〈사도성〉의 2성을 쌓고 동부의 민가를 그곳으로 옮겼다. 겨울 10월에, 〈말갈〉이 〈사도성〉에 와서 침공하다가 이기지 못하자 성문에 불을 지르고 도망하였다.

○四十六年, 秋.八月에 國南에 蝗害穀하여 民饑
　　　　사 십 육 년　추 팔 월　　국 남　　황 해 곡　　　　민 기
하다. 冬.十一月에 無氷하다.
　　　동 십 일 월　　무 빙

▷ 본문풀이 ◁

46년, 가을 8월에 남쪽 지역에 메뚜기 떼가 곡식을 해쳐 백성들이 굶주렸다. 겨울 11월, 물이 얼지 않았다.

○四十七年, 夏六月庚寅.晦에 日有食之하다.
　　　　사 십 칠 년　하 유 월 경 인 회　　일 유 식 지

▷ 본문풀이 ◁

47년, 여름 6월 그믐 경인에 일식이 있었다.

○四十八年, 秋.七月에 西部人「茴會」가 獲.白
　　　　사 십 팔 년　추 칠 월　　서 부 인 회 회　　획 백

鹿하여 獻之하다. 王이 以爲瑞라 하여 賜穀.一百石
하다.

▷ 본문풀이 ◁

48년, 가을 7월에 서부 사람 「회회」가 흰 사슴을 노획하여 바쳤다. 왕이 상서로운 일이라 하여 곡식 1백 석을 주었다.

○四十九年, 秋,九月에 命北部〈眞果〉하여 領兵
一千하고 襲取〈靺鞨〉〈石門城:위치 미상〉하다. 冬,十
月에 〈靺鞨〉이 以.勁騎로 來侵하여 至于〈述川:驪
州〉하다. 王薨하다.

▷ 본문풀이 ◁

49년, 가을 9월에 북부의 〈진과〉를 명하여 군사 1천 명을 거느리고 〈말갈〉의 〈석문성〉을 습격하여 빼앗게 하였다. 겨울 10월에, 〈말갈〉이 정예 기병을 거느리고 침입하여 〈술천〉에 이르렀다. 왕이 서거하였다.

6 | 仇首王(구수왕) : 214~234

○ 『仇首王』[或云「貴須」.]은 『肖古王』之 長子로 身
長七尺이요, 威儀秀異하다. 「肖古」在位 四十九
年에 薨하니 卽位하다.

▶ 어려운 낱말 ◀

[威儀(위의)] : 위엄과 거동. 즉, 풍채. [秀異(수이)] : 특별히 빼어나다.

▷ 본문풀이 ◁

『구수왕』【혹은 〈귀수〉라고도 한다.】은 『초고왕』의 장자로 신장이
7척이요 풍채가 뛰어났다. 『초고왕』 재위 49년에 서거하자, 그가
즉위하였다.

○ 三年, 秋 八月에 〈靺鞨〉이 來圍〈赤峴城〉하니
城主가 固拒하니 賊退歸하다. 王이 帥 勁騎八百하
고 追之하여 戰〈沙道城〉下하여 破之하니 殺獲甚
衆이니라.

▷ 본문풀이 ◁

　3년, 가을 8월에 〈말갈〉이 〈적현성〉을 포위했으나 성주가 굳게 버티니 적이 퇴각하였다. 왕이 정예 기병 8백 명을 인솔하고 그들을 추격하여, 〈사도성〉 아래에서 격파하여 죽이거나 사로잡은 무리가 심히 많았다.

　○四年, 春.二月에 設.二柵於〈沙道城〉側하니 東
　　　사 년 춘 이 월　설 이 책 어 사 도 성 측　　　동
西相去.十里라. 分〈赤峴城〉卒하여 戍之하다.
서 상 거 십 리　분 적 현 성 졸　　　수 지

▷ 본문풀이 ◁

　4년, 봄 2월에 〈사도성〉 곁에 두 곳의 목책을 세우니 동서의 거리가 10리나 되었다. 〈적현성〉의 군사를 나누어 〈사도성〉을 지키게 하였다.

　○五年, 王이 遣兵하여 圍.〈新羅〉〈獐山城:위치 미
　　　오 년 왕　견 병　　　위 신 라　장 산 성
상〉하니 〈羅〉王이 親帥兵하여 擊之하니 我軍敗績
　　　　　나 왕　친 솔 병　　　격 지　　　아 군 패 적
하다.

▷ 본문풀이 ◁

　5년에, 왕이 군사를 보내 〈신라〉의 〈장산성〉을 포위했다. 〈신라〉왕이 친히 군사를 거느리고 공격하였다. 우리 군사가 패배를 당했다.

○七年, 冬.十月에 王城.西門火하다. 〈靺鞨〉이
칠 년   동 시 월   왕 성 서 문 화   말 갈

寇.北邊하니 遣兵拒之하다.
구 북 변   견 병 거 지

▷ 본문풀이 ◁

7년, 겨울 10월에 왕성의 서문에 화재가 났다. 〈말갈〉이 북쪽
변경을 침략하므로 군사를 보내 항전했다.

○八年, 夏.五月에 國東大水하여 山崩.四十餘
팔 년   하 오 월   국 동 대 수   산 붕 사 십 여

所하다. 六月戊辰.晦에 日有食之하다. 秋.八月에
소   유 월 무 진 회   일 유 식 지   추 팔 월

大閱於〈漢水〉之西하다.
대 열 어 한 수 지 서

▷ 본문풀이 ◁

8년, 여름 5월에 나라의 동쪽 지역에 홍수가 나서 40여 군데
산이 무너졌다. 6월, 그믐 무진일에 일식이 있었다. 가을 8월에,
〈한수〉 서쪽에서 크게 군사를 사열하였다.

○九年, 春.二月에 命.有司하여 修.隄防하다. 三
구 년   춘 이 월   명 유 사   수 제 방   삼

月에 下令勸.農事하다. 夏六月에 王都雨魚하다.
월   하 령 권 농 사   하 유 월   왕 도 우 어

冬,十月에 遣兵入〈新羅〉〈牛頭鎭〉하여 抄掠民戶
동 시월 견병입 신라 우두진 초략민호
하다. 〈羅〉將〈忠萱〉이 領兵五千하여 逆戰於〈熊
나 장 충훤 영병오천 역전어 웅
谷:善山〉이나 大敗하고 單騎而遁하다. 十一月庚申,
곡 대패 단기이둔 십일월경신
晦에 日有食之하다.
회 일유식지

▷ 본문풀이 ◁

　9년, 봄 2월에 유사에게 명하여 제방을 수리하게 하였다. 3월
에, 명령을 내려서 농사를 권장했다. 여름 6월에, 서울에 물고기
가 빗속에 함께 떨어졌다. 겨울 10월에, 〈신라〉의 〈우두진〉에 군
사를 보내 민가를 약탈하였다. 〈신라〉 장수 「충훤」이 군사 5천 명
을 거느리고 〈웅곡〉에서 역전을 하였으나 우리 군사가 대패하고,
단기 필마로 도망하였다. 11월, 그믐 경신일에 일식이 있었다.

　○十一年, 秋,七月에 〈新羅〉一吉湌「連珍」이 來
십일년 추칠월 신라 일길찬 연진 내
侵하다. 我軍은 逆戰於〈烽山:위치 미상〉下하여 不克
침 아군 역전어 봉산 하 불극
하다. 冬,十月에 太白:금성이 晝見하다.
동 시월 태백 주현

▷ 본문풀이 ◁

　11년, 가을 7월에 〈신라〉의 일길찬 「연진」이 침입하였다. 우
리 군사는 〈봉산〉 아래에서 그들과 항전하였으나 이기지 못했

다. 겨울 10월에, 태백성이 낮에 나타났다.

○十四年, 春.三月에 雨雹하다. 夏.四月에 大旱
　　십 사 년 　춘 삼 월 　　우 박 　　　　하 사 월 　　대 한
하여 王祈『東明』廟하니 乃雨하다.
　　　왕 기 동 명 묘 　　　내 우

▷ **본문풀이** ◁

14년, 봄 3월에 우박이 내렸다. 여름 4월에, 큰 가뭄이 들어 왕
이『동명왕』의 사당에 제사를 올렸더니, 곧 비가 내렸다.

○十六年, 冬.十月에 王田於〈寒泉:용인?〉하다. 十
　　십 육 년 　동 시 월 　　왕 전 어 한 천 　　　　　　　　십
一月에 大疫하다. 〈靺鞨〉이 入〈牛谷〉界하여 奪掠
　일 월 　　대 역 　　　말 갈 　　입 우 곡 계 하여 　탈 략
人物하다. 王이 遣精兵三百하여 拒之하다. 賊이
　인 물 　　　왕 　　견 정 병 삼 백 　　　　거 지 　　　적
伏兵夾擊하여 我軍大敗하다.
　복 병 협 격 하여 　아 군 대 패

▷ **본문풀이** ◁

16년, 겨울 10월에 왕이 〈한천〉에서 사냥하였다. 11월에, 전
염병이 크게 돌았다. 〈말갈〉이 〈우곡〉에 들어와서 사람과 재물
을 약탈해 갔다. 왕은 정예군 3백 명을 보내 거전하게 하였다. 그
러나 적의 복병이 양쪽에서 협공하여 우리 군사가 대패하였다.

○十八年, 夏四月에 雨雹하니 大如栗하여 鳥雀
　　십 팔 년　하 사 월　우 박　　대 여 율　　조 작
中者, 死하다.
중 자 사

▷ **본문풀이** ◁

18년, 여름 4월에 우박이 내렸는데, 밤알 크기의 우박이 내려
새들이 맞으면 죽을 정도였다.

○二十一年, 王薨하다.
　이 십 일 년　왕 훙

▷ **본문풀이** ◁

21년, 왕이 서거하였다.

※ 7대 왕으로 사반왕이 즉위했으나 너무 어려 초고왕의 동생
　　고이왕(8대)이 즉위했음.

8 古尒王(고이왕) : 234~286

○『古尒王』은 『蓋婁王』之第, 二子也라. 『仇首
　　고 이 왕　　　　개 루 왕　지 제 이 자 야　　　구 수
王』이 在位二十一年에 薨하니 長子「沙伴」이 嗣
　왕　이　재 위 이 십 일 년　훙　　　장 자 사 반　　사

位나 而.幼少不能爲政이라『肖古王』의 母弟「古
　　　　위　　　이유소불능위정　　　　초고왕　　　　모제　고

介」卽位하다.
　이　즉위

▷본문풀이◁

　『고이왕』은『개루왕』의 둘째 아들이다.『구수왕』이 재위 21년
에 죽으니, 그의 맏아들「사반」이 왕위를 이었으나 나이가 어려
능히 정사를 잘 못하였음으로『초고왕』의 동복아우「고이」가 왕
위에 올랐다.

　○三年, 冬.十月에 王獵.西海大島하여 手射.四
　　　삼년　동 시월　　왕렵서해대도　　　　수사사

十鹿하다.
십 록

▷본문풀이◁

　3년, 겨울 10월에 왕이 서해의 큰 섬에서 직접 사냥하였는데,
사슴 40마리를 쏘아 맞혀 잡았다.

　○五年, 春.正月에 祭.天地에 用.鼓吹하다. 二月
　　　오년　춘 정월　　제천지　용 고취　　　　이월

에 田於〈釜山:振威〉하여 五旬乃返하다. 夏.四月에
　전어 부산　　　　　　오순내반　　　　　하사월

震.王宮門柱러니 黃龍이 自.其門飛出하다.
진 왕궁문주　　　황룡　　자 기문비출

　5년, 봄 정월에 북과 악기를 사용하여 천지에 제사를 올렸다. 2월에, 왕이 〈부산〉에서 사냥하다가 50일 만에 돌아왔다. 여름 4월에, 왕궁의 문기둥에 벼락이 치니 황룡이 그 문에서 날아 올라갔다.

○六年, 春正月에 不雨라가 至夏五月에 乃雨하다.
　　육 년 　춘 정 월　 불 우　　　 지 하 오 월 　　내 우

▷ 본문풀이 ◁

　6년, 봄 정월부터 비가 내리지 않다가 여름 5월에 이르러서야 비가 내렸다.

○七年, 遣兵侵〈新羅〉하다. 夏四月에 拜「眞
　　칠 년 　견 병 침 　신 라　　　 　하 사 월 에 　배 　진

忠」爲左將하여 委以内外兵馬事하다. 秋七月에
충 위 좌 장　　 　위 이 내 외 병 마 사　　　 추 칠 월

大閱於〈石川:위치 미상〉하다. 雙雁이 起於川上이라
대 열 어 　석 천　　　　　　　 쌍 안 　　기 어 천 상

王이 射之하여 皆中하다.
왕　 사 지　　 개 중

▷ 본문풀이 ◁

　7년에, 군사를 보내서 〈신라〉를 침공하였다. 여름 4월, 「진충」을 좌장으로 임명하여 내외의 군사에 관한 직무를 맡겼다. 가을 7월에, 〈석천〉에서 대대적으로 군대를 사열하였다. 이때 냇가에서

기러기 한 쌍이 날아오르는 것을 왕이 쏘아서 모두 명중시켰다.

○九年, 春.二月에 命.國人하여 開.稻田於南澤하
　　구 년　춘 이 월　명 국 인　　개 도 전 어 남 택
다. 夏.四月에 以.叔父「質」을 爲.右輔하다.「質」은
　　하 사 월　이 숙 부 질　　위 우 보　　　질
性이 忠毅하고 謀事無失하다. 秋.七月에 出.西門
성　충 의　　모 사 무 실　　추 칠 월　　출 서 문
觀射하다.
관 사

▷ 본문풀이 ◁

9년, 봄 2월에 백성들에게 명하여 남쪽 소택지에 논을 개간하
도록 하였다. 여름 4월, 왕의 숙부인「질」을 우보로 삼았다.「질」
은 성격이 충직하고 모든 일에 실수 없이 일을 도모하였다. 가을
7월에, 왕이 서문 밖에 나가 활쏘기를 구경하였다.

○十年, 春.正月에 設.大壇하고 祀.天地山川하다.
　　십 년　춘 정 월　설 대 단　　사 천 지 산 천

▷ 본문풀이 ◁

10년, 봄 정월에 큰 제단을 설치하여 천지와 산천에 제사를 올
렸다.

○十三年, 夏에 大旱하여 無麥하다. 秋.八月에
　　십 삼 년　하　대 한　　무 맥　　추 팔 월

〈魏〉〈幽州〉刺史「毌丘儉」이 與〈樂浪〉太守「劉
　　　위　유주　　자사　관구검　　　　　여　낙랑　　태수　유

茂」와 〈朔方〉太守「王遵」이 伐〈高句麗〉하니 王이
무　　　삭방　　태수　왕준　　　　벌　고구려　　　　왕

乘虛하여 遣,左將「眞忠」하여 襲取〈樂浪〉邊民하
승허　　　　견좌장　진충　　　　　습취　낙랑　변민

다.「茂」聞之怒하니 王이 恐見,侵討(침공을 받을까)하
　　무　문지노　　　　왕　　공견　침토

여 還其民口하다.
　　환기민구

▷ 본문풀이 ◁

　13년, 여름에 날이 크게 가물어 보리가 죽었다. 가을 8월에, 〈위〉
나라 〈유주〉 자사 「관구검」이 〈낙랑〉 태수 「유무」, 〈삭방〉 태수
「왕준」과 함께 〈고구려〉를 공격하니, 왕은 그 빈틈을 이용하여 좌
장 「진충」으로 하여금 〈낙랑〉의 변방 주민들을 습격하여 잡아 오
게 하였다. 「유무」가 이 말을 듣고 분노하니, 왕이 침공을 받을까
두려워 잡아온 백성들을 도로 돌려보냈다.

　○十四年, 春,正月에 祭,天地於南壇하다. 二月
　　　십사년　춘　정월　　　제　천지어남단　　　　　이월

에 拜,「眞忠」하여 爲,右輔하고 「眞勿」로 爲,左將하
　　배　진충　　　　위　우보　　　진물　　위　좌장

여 委以兵馬事하다.
　　위이병마사

▷ 본문풀이 ◁

　14년, 봄 정월에 남쪽 제단에서 천지신명에게 제사를 올렸다.

2월,「진충」을 우보로 임명하고「진물」로 좌장에 임명하여 군사에 관한 일을 맡겼다.

○ 十五年, 春夏에 旱하다. 冬에 民饑하여 發倉賑
십 오 년 춘 하 한 동 민 기 발 창 진
恤하고 又復.一年租調하다.
휼 우 부 일 년 조 조

▶ 어려운 낱말 ◀

[賑恤(진휼)] : 백성을 구제함. [復(부)] : (세금)을 면제하다. [租調(조조)] : 세금. 租는 地稅, 調는 戶稅.

▷ 본문풀이 ◁

15년, 봄과 여름에 가뭄이 들었다. 겨울에, 백성들이 굶주리므로 창고를 풀어 구제하고, 또한 1년간의 조세를 면제하였다.

○ 十六年, 春.正月甲午에 太白(금성) 襲月하다.
십 육 년 춘 정 월 갑 오 태 백 습 월

▷ 본문풀이 ◁

16년, 봄 정월 갑오일에 태백성이 달을 덮었다.

○ 二十二年, 秋.九月에 出師.侵〈新羅〉하여 與
이 십 이 년 추 구 월 출 사 침 신 라 여
〈羅〉兵.戰於〈槐谷:槐山?〉西하여 敗之하고 殺其將
나 병 전 어 괴 곡 서 패 지 살 기 장

「翊宗」하다. 冬十月에 遣兵攻〈新羅〉〈烽山城：榮
　익종　　　동시월　　　견병공　신라　　봉산성
州〉이나 不克하다.
　　　　 불극

▷ 본문풀이 ◁

22년, 가을 9월에 군사를 일으켜 〈신라〉〈괴곡〉 서쪽에서 싸
워 승리하고 〈신라〉 장수 「익종」을 죽였다. 겨울 10월에, 군사를
보내 〈신라〉의 〈봉산성〉을 쳤으나 승리하지 못했다.

○二十四年, 春正月에 大旱하여 樹木皆枯하다.
　이십사년　춘정월　　대한　　　수목개고

▷ 본문풀이 ◁

24년, 봄 정월에 크게 가뭄이 들어 나무가 모두 말랐다.

○二十五年, 春에 〈靺鞨〉長(：추장)「羅渴」이 獻
　이십오년　춘　　　말갈　장　　　나갈　　헌
良馬十匹하니 王이 優勞使者以還之하다.
양마십필　　　왕　　우로사자　이환지

▷ 본문풀이 ◁

25년, 봄에 〈말갈〉의 추장 「나갈」이 좋은 말 열 필을 헌납하니
왕이 그 사자를 우대하여 돌려보냈다.

○二十六年, 秋,九月에 靑紫雲이 起,宮東하니
이십육년 추구월 청자운 기궁동

如,樓閣하다.
여 누각

▷ **본문풀이** ◁

26년, 가을 9월에 푸르고 보랏빛 나는 구름이 왕궁 동쪽 하늘
에 일어나니 마치 누각과 같았다.

○二十七年, 春,正月에 置,內臣佐平하여 掌,宣
이십칠년 춘정월 치내신좌평 장선

納(:王命出納)事하고 內頭佐平은 掌,庫藏(:財政)事하
납 사 내두좌평 장고장 사

고 內法佐平은 掌,禮儀(:禮式)事하고 衛士佐平은
내법좌평 장예의 사 위사좌평

掌,宿衛兵(:親衛兵)事하고 朝廷佐平은 掌,刑獄(:司法)
장숙위병 사 조정좌평 장형옥

事하고 兵官佐平은 掌外,兵馬事(:軍事)하다. 又置,
사 병관좌평 장외병마사 우치

達率·恩率·德率·扞率·奈率, 及將德·施
달솔 은솔 덕솔 한솔 나솔 급장덕 시

德·固德·季德·對德·文督·武督·佐軍·
덕 고덕 계덕 대덕 문독 무독 좌군

振武·克虞하다. 六佐平은 幷,一品이요, 達率은
진무 극우 육좌평 병일품 달솔

二品, 恩率은 三品, 德率은 四品, 扞率은 五品,
이품 은솔 삼품 덕솔 사품 한솔 오품

奈率은 六品, 將德은 七品, 施德은 八品, 固德은
나솔 육품 장덕 칠품 시덕 팔품 고덕

九品, 季德은 十品, 對德은 十一品, 文督은 十二
구품 계덕 십품 대덕 십일품 문독 십이

品, 武督은 十三品, 佐軍은 十四品, 振武는 十五
　　무독　　십삼품　좌군　　십사품　진무　　십오
品, 克虞는 十六品이라. 二月에 下令하여 六品已
품　극우　　십육품　　　　이월　　하령　　　　육품이
上은 服紫하고 以銀花로 飾冠하며 十一品已上은
상　복자　　　이은화　　식관　　　십일품이상
服緋하고 十六品已上은 服青하다. 三月에 以,王
복비　　　십육품이상　　복청　　　　삼월　　이왕
弟「優壽」로 爲,内臣佐平하다.
제　우수　　위내신좌평

▷ **본문풀이** ◁

　27년, 봄 정월에 내신좌평을 두어 왕명의 출납에 대한 일을 맡고, 내두 좌평을 두어 물자와 창고에 대한 일을 맡게 하고, 내법 좌평을 두어 예법과 의식에 대한 일을 맡게 하고, 위사좌평을 두어 숙위 병사에 대한 일을 맡게 하고, 조정좌평을 두어 형벌과 송사에 대한 일을 맡게 하고, 병관좌평을 두어 지방의 군사에 대한 일을 맡게 하였다. 또 달솔·은솔·덕솔·한솔·나솔·장덕·시덕·고덕·계덕·대덕·문독·무독·좌군·진무·극우 등을 두었다. 6개 좌평은 모두 1품, 달솔은 2품, 은솔은 3품, 덕솔은 4품, 한솔은 5품, 나솔은 6품, 장덕은 7품, 시덕은 8품, 고덕은 9품, 계덕은 10품, 대덕은 11품, 문독은 12품, 무독은 13품, 좌군은 14품, 진무는 15품, 극우는 16품이었다. 2월에, 6품 이상은 자줏빛 옷을 입고 은 꽃으로 관을 장식하고, 11품 이상은 붉은 옷을 입으며, 16품 이상은 푸른 옷을 입게 하라는 명령을 내렸다. 3월에, 왕의 아우 「우수」를 내신좌평으로 삼았다.

○二十八年, 春.正月初吉에 王이 服.紫大袖
　　　　이십팔년　　춘 정월초길　　　왕　　복 자대수
袍·青錦袴·金花飾.烏羅冠·素皮帶·烏韋履
포　청금고　금화식오라관　　소피대　　오위리
하고 坐.南堂聽事하다. 二月에 拜「眞可」하여 爲.內
　　　좌 남당청사　　　　이월　배 진가　　　위 내
頭佐平(:財政을 관장)하고 「優豆」로 爲.內法佐平(:儀
두좌평　　　　　　　　　우두　　위 내법좌평
禮를 관장)하고 「高壽」로 爲.衛士佐平(:宿衛兵을 管掌)
　　　　　　　고수　　위 위사좌평
하고 「昆奴」로 爲.朝廷佐平(:刑獄을 管掌함)하고 「惟
　　　곤노　　위 조정좌평　　　　　　　　　　유
己」로 爲.兵官佐平(:方外의 兵馬使를 管掌함)하다. 三月
기　　위 병관좌평　　　　　　　　　　　　　삼월
에 遣使하여〈新羅〉請和하니 不從하다.
　　견사　　　신라　청화　　　부종

▶ 어려운 낱말 ◀

[正月初吉(정월초길)] : 정월 초하룻날. [紫大袖袍(자대수포)] : 자줏빛 소매 달
린 도포. [青錦袴(청금고)] : 푸른 비단 바지. [金花飾烏羅冠(금화식오라관)] :
금빛 오라관. [素皮帶(소피대)] : 흰 가죽 띠. [烏韋履(오위리)] : 검은 가죽신.

▷ 본문풀이 ◁

　28년, 봄 정월 초하룻날에 왕이 자줏빛으로 된 큰 소매 달린 도
포와 푸른 비단 바지를 입고, 금꽃으로 장식한 오라관을 쓰고, 흰
가죽 띠를 두르고, 검은 가죽신을 신고 남당에 앉아서 정사를 처
리하였다. 2월, 「진가」를 내두좌평, 「우두」를 내법좌평, 「고수」를
위사좌평, 「곤노」를 조정좌평, 「유기」를 병관좌평으로 임명하였

다. 3월에, 〈신라〉에 사신을 보내 화친을 요청하니, 〈신라〉는 이를 거절하고 따르지 않았다.

〇二十九年, 春正月에 下令하여 凡官人으로 受
　　이십구년　춘정월　　하령　　범관인　　　수
財及盜者는 三倍徵贓하고 禁錮終身하다.
재급도자　삼배징장　　금고종신

▷ 본문풀이 ◁

29년, 봄 정월에 명령을 내려, 관리로서 돈을 받거나 도적질한 자는 그 세 배를 배상하고 종신 금고형에 처하라고 했다.

〇三十三年, 秋八月에 遣兵하여 攻〈新羅〉〈烽
　　삼십삼년　추팔월　　견병　　공신라　봉
山城:榮州〉하다. 城主「直宣」이 率壯士二百人하여
산성　　　　　성주　직선　　솔장사이백인
出擊敗之하다.
출격패지

▷ 본문풀이 ◁

33년, 가을 8월에 군사를 보내서 〈신라〉의 〈봉산성〉을 공격하였다. 성주 「직선」이 장사 2백 명을 거느리고 출격하여 우리 군사가 패배하였다.

○三十六年, 秋, 九月에 星孛于, 紫宮하다.
　　삼 십 육 년　 추 구 월　　성 패 우 자 궁

▷ **본문풀이** ◁

36년, 가을 9월에 혜성이 자미궁 성좌에 나타났다.

○三十九年, 冬, 十一月에 遣兵侵〈新羅〉하다.
　　삼 십 구 년　 동 십 일 월　　견 병 침　신 라

▷ **본문풀이** ◁

39년, 겨울 11월에 군사를 보내 〈신라〉를 침공하였다.

○四十五年, 冬, 十月에 出兵攻〈新羅〉하여 圍
　　사 십 오 년　 동 시 월　　출 병 공 신 라　　　위
〈槐谷城〉하다.
　괴 곡 성

▷ **본문풀이** ◁

45년, 겨울 10월에 군사를 일으켜 신라를 공격하여 〈괴곡성〉
을 포위했다.

○五十年, 秋, 九月에 遣兵侵〈新羅〉邊境하다.
　　오 십 년　 추 구 월　　견 병 침 신 라 변 경

50년, 가을 9월에 군사를 보내어 〈신라〉의 변경을 침공하였다.

○五十三年, 春.正月에 遣使하여 〈新羅〉請和하
　　오 십 삼 년　춘 정 월　　견 사　　　　신 라 청 화

다. 冬.十一月에 王이 薨하다.
　　동 십 일 월　왕　 홍

53년, 봄 정월에 〈신라〉에 사신을 보내 화친을 요청하였다. 겨
울 11월에, 왕이 서거하였다.

9 責稽王(책계왕) : 286~298

○『責稽王』[或云「靑稽」.]은 『古尒王』子로 身.長大
　　책 계 왕　　　　　　　　　　고 이 왕 자　　신 장 대

하고 志氣雄傑하여 『古尒』薨하니 卽位하다. 王이
　　지 기 웅 걸　　　　고 이 홍　　　즉 위　　　　왕

徵發丁夫하여 茸〈慰禮城〉하다. 〈高句麗〉가 伐
　정 발 정 부　　　즙 위 례 성　　　　고 구 려　　　벌

「帶方」하니 「帶方」이 請救於.我하다. 先是에 王이
　대 방　　　　대 방　　청 구 어 아　　　선 시　　　왕

娶「帶方」王女(太守의 女)「寶菓」하여 爲.夫人하다.
　　취　대　방　왕녀　　　　　　　보　과　　　　위부인

故曰, "「帶方」은 我.舅甥之國이니 不可不.副其請
　　고　왈　　　대　방　　아구생지국　　　불가불부기청

하다." 하고, 遂.出師救之하니 〈高句麗〉怨하다. 王
　　　　　　　　수출사구지　　　　　고구려원　　　　왕

은 慮其侵寇하여 修〈阿且城:서울 廣津 아차산〉·〈蛇
　　여기침구　　　수아차성　　　　　　　　　　　　　사

城:風納里 土城〉하여 備之하다.
성　　　　　　　　　비지

▶ 어려운 낱말 ◀

[雄傑(웅걸)] : 웅장하고 기걸함. [丁夫(정부)] : 장정. [茸(쥬)] : 수리하다. [舅
甥之國(구생지국)] : 장인과 사위의 나라. [副(부)] : 도우다.

▷ 본문풀이 ◁

　『책계왕』【혹은 「청계」라고도 한다.】은 『고이왕』의 아들이다. 신체가
장대하고 의지와 기품이 뛰어났다. 『고이왕』이 사망하자, 그가 왕
위에 올랐다. 왕이 장정을 징발하여 〈위례성〉을 보수하였다. 〈고
구려〉가 「대방」을 치자 「대방」은 우리에게 구원을 요청하였다. 이
에 앞서 왕이 「대방」왕의 딸 「보과」를 부인으로 맞이하였기 때문
에, 왕이 "「대방」은 우리와 장인과 사위 관계의 나라이니, 그들의
요청을 들어 주어야 한다."고 말하고, 드디어 군사를 출동시켜 구
원하니 〈고구려〉에서 이를 원망하였다. 왕은 고구려의 침략을 염
려하여 〈아차성〉과 〈사성〉을 수축하여 방비하게 하였다.

○二年, 春.正月에 謁『東明』廟하다.
이 년 춘 정 월 알 동 명 묘

▷ 본문풀이 ◁

2년, 봄 정월에 왕이 『동명왕』의 사당에 배알하였다.

○十三年, 秋.九月에 〈漢:樂浪〉與.〈貊:東濊〉人이
십 삼 년 추 구 월 한 여 맥 인

來侵하니 王이 出禦라가 爲.敵兵所害하여 薨하다.
내 침 왕 출 어 위 적 병 소 해 홍

▷ 본문풀이 ◁

13년, 가을 9월에 〈한〉나라가 〈맥〉인들과 더불어 와서 침략을 하
니, 왕이 직접 나가서 방어하다가 적병에게 살해되어 서거하였다.

10 ┃ 汾西王(분서왕) : 298~304

○『汾西王』은 『責稽王』長子니라. 幼而聰惠하고
분 서 왕 책 계 왕 장 자 유 이 총 혜

儀表英挺하니 王이 愛之하여 不離左右하다. 及.王
의 표 영 정 왕 애 지 불 리 좌 우 급 왕

薨하니 繼而卽位하다. 冬,十月에 大赦하다.
홍   계이즉위   동시월   대사

▶ 어려운 낱말 ◀

[挺] : 빼어날(정).

▷ 본문풀이 ◁

『분서왕』은 『책계왕』의 맏아들이다. 그는 어려서부터 총명하였으며 풍채가 걸출하였으므로 왕이 그를 사랑하여 가까이에서 떠나지 않게 했다. 왕이 서거하자, 그의 뒤를 이어 왕위에 올랐다. 겨울 10월에, 죄수들을 크게 사면하였다.

○二年, 春,正月에 謁『東明』廟하다.
  이년 춘 정월   알 동명묘

▷ 본문풀이 ◁

2년, 봄 정월에 왕이 『동명왕』의 사당에 배알하였다.

○五年, 夏,四月에 彗星이 晝見하다.
  오년 하 사월   혜성   주현

▷ 본문풀이 ◁

5년, 여름 4월에 낮에 혜성이 나타났다.

○七年, 春,二月에 潛師襲取〈樂浪〉西縣하다.
칠 년 춘 이월   잠 사 습 취 낙 랑 서 현

冬,十月에 王이 爲〈樂浪〉太守所遣, 刺客賊害로
동 시월   왕   위 낙 랑 태 수 소 견   자 객 적 해

薨하다.
훙

▷ 본문풀이 ◁

　7년, 봄 2월에 〈낙랑〉의 서쪽 고을을 기습하여 빼앗았다. 겨울
10월에, 왕이 〈낙랑〉 태수가 보낸 자객에 의하여 서거하였다.

11 | 比流王(비류왕) : 304~344

○『比流王』은 『仇首王』第二子이니 性寬慈愛人
　　비 류 왕   구 수 왕 제 이 자   성 관 자 애 인

하며 又,强力善射하다. 久在民間에 令譽流聞하더
　　우 강 력 선 사   구 재 민 간   영 예 유 문

니 及『汾西』之終하니 雖有子나 皆幼,不得立이라
　급 분 서 지 종   수 유 자   개 유 부 득 립

是以로 爲,臣民推戴,卽位하다.
시 이   위 신 민 추 대 즉 위

▷ 본문풀이 ◁

『비류왕』은 『구수왕』의 둘째 아들이다. 성격이 너그럽고 인자하여 사람을 아끼며, 또한 힘이 세고 활을 잘 쏘았다. 오랫동안 민간에 있으면서 명성을 떨치더니, 『분서왕』이 죽었을 때, 비록 여러 아들이 있었으나 모두 어려서 왕으로 세울 수가 없었다. 그래서 신하와 여러 백성들의 추대에 의하여 그가 즉위하게 되었다.

○ 五年, 春, 正月丙子, 朔에 日有食之하다.
　오 년　 춘　정 월 병 자 삭　　 일 유 식 지

▷ 본문풀이 ◁

5년, 봄 정월 초하루 병자일에 일식이 있었다.

○ 九年, 春, 二月에 發使巡問, 百姓疾苦하고 其,
　구 년　 춘　이 월　　발 사 순 문 백 성 질 고　　　 기
鰥寡孤獨, 不能自存者에 賜穀人, 三石하다. 夏, 四
환 과 고 독　불 능 자 존 자　 사 곡 인 삼 석　　　 하 사
月에 謁『東明』廟하다. 拜「解仇」하여 爲, 兵官佐平
월　 알 동 명 묘　　　 배 해 구　　　 위 병 관 좌 평
하다.

▷ 본문풀이 ◁

9년, 봄 2월에 사신을 보내어 민간을 순회하고 백성들의 어려움을 살펴서 홀아비·과부·고아·자식 없는 늙은이들이 자력으로 살 수 없는 자들에게 곡식 3섬씩을 주었다. 여름 4월에, 왕

이 『동명왕』의 사당에 배알하였다. 「해구」를 임명하여 병관좌평
으로 삼았다.

○十年, 春正月에 祀天地於南郊하다. 王이 親
　십 년　춘 정월　　　사 천 지 어 남 교　　　　왕　　친
割牲하다.
할 생

▶ 어려운 낱말 ◀

　[牲] : 제사에 쓰는 희생물(생).

▷ 본문풀이 ◁

　10년, 봄 정월에 남쪽 교외에서 천지신명에게 제사를 올렸다.
왕이 친히 제사에 쓰일 희생물을 베었다.

○十三年, 春에 旱하고 大星西流하다. 夏四月에
　십 삼 년　춘　한　　　대 성 서 류　　　하 사 월
王都에 井水溢하고 黑龍이 見其中하다.
왕 도　　정 수 일　　　흑 룡　　현 기 중

▶ 어려운 낱말 ◀

　[溢] : 넘칠(일).

▷ 본문풀이 ◁

　13년, 봄에 날이 가물고 큰 별이 서쪽으로 흘러갔다. 여름 4월
에, 서울에서 우물이 넘치고 그 속에서 검은 용이 나타났다.

○十七年, 秋,八月에 築,射臺於,宮西하고 每以
　　십칠년　추팔월　　축사대어궁서　　　매이
朔望에 習射하다.
삭망　습사

▷ 본문풀이 ◁

17년, 가을 8월에 대궐 서쪽에 활 쏘는 누대를 쌓아놓고 매월
초하루와 보름날에 활쏘기를 연습하였다.

○十八年, 春,正月에 以,王庶弟「優福」으로 爲,
　　십팔년　춘정월　　이왕서제　우복　　　위
內臣佐平하다. 秋,七月에 太白이 晝見하다. 國南
내신좌평　　추칠월　태백　주현　　국남
에 蝗害穀하다.
　황해곡

▷ 본문풀이 ◁

18년 봄, 정월에 왕의 이복동생 「우복」으로써 내신좌평을 삼
았다. 가을 7월에, 태백성이 낮에 나타났다. 남쪽 지방에 메뚜기
떼가 나타나 곡식을 해쳤다.

○二十二年, 冬,十月에 天有聲하니 如,風浪相
　　이십이년　동시월　　천유성　　　여풍랑상
激하다. 十一月에 王이 獵於〈狗原〉北하여 手射鹿
격　　　십일월　왕　엽어구원북　　　수사록
하다.

　22년, 겨울 10월에 하늘에서 소리가 들렸으니 마치 풍랑이 서로 부딪치는 소리와 같았다. 11월에, 왕이 〈구원〉 북쪽에서 사냥을 하여 손수 사슴을 쏘아 잡았다.

　○二十四年, 秋七月에 有雲如赤烏하여 夾日하다. 九月에 內臣佐平「優福」이 據〈北漢城〉叛하니 王이 發兵討之하다.
이십사년 추칠월 유운여적오 협일 구월 내신좌평 우복 거 북한성 반 왕 발병토지

▷ 본문풀이 ◁

　24년, 가을 7월에 붉은 까마귀와 같이 생긴 구름이 양쪽에서 해를 끼고 있었다. 9월, 내신좌평「우복」이 〈북한성〉에 웅거하여 반란을 일으켰다. 왕이 군사를 발하여 그를 토벌하였다.

　○二十八年, 春夏大旱하여 草木枯하고 江水竭하더니 至秋七月에 乃雨하다. 年饑하여 人相食하다.
이십팔년 춘하대한 초목고 강수갈 지 추칠월 내우 연기 인상식

▷ 본문풀이 ◁

　28년, 봄과 여름에 큰 가뭄이 들고 풀과 나무와 강물이 말랐다. 가을 7월이 되어서야 비가 내렸다. 흉년이 들어 사람들이 서로 잡아먹기도 했다.

〇三十年, 夏.五月에 星隕하다. 王宮火하여 連
　　삼십년　하오월　　성운　　　왕궁화　　　연

燒民戸하다. 秋.十月에 修宮室하다. 拜「眞義」하여
소민호　　　추시월　　수궁실　　　배 진의

爲.内臣佐平하다. 冬.十二月에 雷하다.
위.내신좌평　　　동십이월　　뢰

▷ 본문풀이 ◁

　30년, 여름 5월에 별이 떨어졌다. 대궐에 화재가 나서 연이어
민가도 불탔다. 가을 10월에, 대궐을 수리하였다. 「진의」를 내신
좌평에 임명하였다. 겨울 12월에, 우레와 천둥이 쳤다.

〇三十二年, 冬.十月乙未.朔에 日有食之하다.
　　삼십이년　동시월을미삭　　일유식지

▷ 본문풀이 ◁

　32년, 겨울 10월 초하루 을미일에 일식이 있었다.

〇三十三年, 春.正月.辛巳에 彗星이 見于.奎하다.
　　삼십삼년　춘정월신사　　혜성　　현우.규

▷ 본문풀이 ◁

　33년, 봄 정월, 신사일에 혜성이 규성 성좌에 나타났다.

〇三十四年, 春.二月에 〈新羅〉遣使來聘하다.
　　삼십사년　춘.이월　　　신라　견사내빙

34년, 봄 2월에 〈신라〉가 사신을 보내와서 예빙을 하였다.

○四十一年, 冬, 十月에 王薨하다.
　　사 십 일 년　동 시 월　　왕 홍

41년, 겨울 10월에 왕이 서거하였다.

12 | 契王(계왕, 설왕) : 344~375

○『契王』은 『汾西王』之, 長子也라. 天資剛勇하
　　계 왕　　　분 서 왕　지 장 자 야　　천 자 강 용

고 善, 騎射하다. 初에 『汾西』之薨也에 『契王』이
　　선 기 사　　초　　분 서　지 홍 야　　　계 왕

幼, 不得立하더니 『比流王』이 在位, 四十一年에 薨
유 부 득 립　　　　비 류 왕　　재 위 사 십 일 년　　홍

하니 卽位하다.
　　즉 위

『계왕』은 『분서왕』의 맏아들이다. 그는 천성이 강직하고 용맹

스러웠으며, 말 달리고 활쏘기를 잘하였다. 처음에 『분서왕』이 죽었을 때는 『계왕』이 어려서 왕위에 오를 수 없었는데, 『비류왕』이 재위 41년에 서거하니, 그가 즉위하였다.

○三年, 秋.九月에 王薨하다.
   삼 년   추 구 월   왕 훙

▷ 본문풀이 ◁

3년, 가을 9월에 왕이 서거하였다.

13 | 近肖古王(근초고왕) : 346~375

○『近肖古王』은 『比流王』第.二子也라. 體貌奇
   근 초 고 왕   비 류 왕 제 이 자 야   체 모 기
偉하고 有.遠識하여 『契王』薨하니 繼位하다.
위   유 원 식   계 왕 훙   계 위

▷ 본문풀이 ◁

『근초고왕』은 『비류왕』의 둘째 아들이다. 그는 체격이 크고 용모가 특이하였으며, 원대한 식견이 있었다. 『계왕』이 서거하자 그가 왕위를 이었다.

〇二年, 春正月에 祭天地神祇하다. 拜「眞淨」
하여 爲朝廷佐平하니 「淨」은 王后親戚이라 性狼
戾不仁하다. 臨事苛細하고 恃勢自用하여 國人疾
之하다.

▷ 본문풀이 ◁

2년, 봄 정월에 천지신명에 제사를 올렸다. 「진정」을 임명하여
조정좌평으로 삼았다. 「정」은 왕후의 친척으로서 성질이 사납고
어질지 못하였다. 일을 처리함에 있어서도 가혹하고 잔소리가 많
았다. 그는 세력을 믿고 함부로 행동하여 백성들이 그를 미워하
였다.

〇二十一年, 春三月에 遣使聘〈新羅〉하다.

▷ 본문풀이 ◁

21년, 봄 3월에 〈신라〉에 사신을 보내 예빙하였다.

○二十三年, 春,三月丁巳,朔에 日有食之하다.
이십삼년 춘 삼월정사삭 일유식지

遣使〈新羅〉하여 送,良馬二匹하다.
견사 신라 송 양마이필

▷ **본문풀이** ◁

23년, 봄 3월 초하루 정사일에 일식이 있었다. 사신을 보내어
〈신라〉에 좋은 말 두 필을 보냈다.

○二十四年, 秋,九月에 〈高句麗〉王「斯由:故國原
이십사년 추구월 고구려왕 사유

王」가 帥,步騎二萬하여 來屯〈雉壤:黃海道 白川〉하고
솔 보기이만 내둔 치양

分兵侵奪民戶하다. 王이 遣,太子(近仇首)하여 以兵,
분병침탈민호 왕 견태자 이병

俓至〈雉壤〉하여 急擊破之하고 獲,五千餘級하여
경치 치양 급격파지 획오천여급

其,虜獲을 分賜將士하다. 冬,十一月에 大閱於〈漢
기노획 분사장사 동십일월 대열어한

水〉南하되 旗幟,皆用黃하다.
수 남 기치개용황

▶ **어려운 낱말** ◀

[俓] : 지름길(경).

▷ **본문풀이** ◁

24년, 가을 9월에 〈고구려〉왕 「사유」가 보병과 기병 2만 명을
거느리고 〈치양〉에 와서 주둔하고 군사를 나누어 민가를 침탈하

였다. 왕이 태자에게 군사를 주어, 지름길로 〈치양〉에 이르러서 갑자기 공격하여 그들을 격파하고 적병 5천여 명의 머리를 베어서 노획한 물품은 장병들에게 나누어 주었다. 겨울 11월에, 〈한수〉 남쪽에서 크게 군사를 사열하는데, 황색의 깃발을 모두 사용하였다.

〇二十六年에 〈高句麗〉가 擧兵來하다. 王이 聞
　　이십육년　　　고구려　　　거병래　　　왕　　문

之하고 伏兵於〈浿河:禮成江〉上하고 俟其至하여 急
지　　　복병어　　　패하　　　상　　　사기지　　　급

擊之하니 〈高句麗〉兵이 敗北하다. 冬에 王이 與太
격지　　　고구려병　　　패배　　　동　　왕　　여태

子로 帥,精兵三萬하고 侵〈高句麗〉하여 攻〈平壤
자　　솔　정병삼만　　　침　고구려　　　공　평양

城〉하다. 〈麗〉王「斯由」가 力戰拒之하다가 中流矢
성　　　여　왕　사유　　　역전거지　　　중류시

死하니 王이 引軍退하다. 移都〈漢山:南漢山〉하다.
사　　왕　　인군퇴　　　이도　　한산

▷ **본문풀이** ◁

　26년에 〈고구려〉가 군사를 이끌고 공격해왔다. 왕이 이를 듣고 〈패하〉 강가에 복병을 하고, 그들이 오기를 기다려서 불시에 공격하니 〈고구려〉 군사가 패배하였다. 겨울에, 왕이 태자와 함께 정예군 3만 명을 거느리고 〈고구려〉에 침입하여 〈평양성〉을 공격하였다. 〈고구려〉왕 「사유」가 힘을 다해 항전하다가 날아오는 화살에 맞아 사망하니 왕이 군사를 이끌고 물러났다. 도읍을 〈한산〉으로 옮겼다.

○二十七年, 春.正月에 遣使入〈晉〉朝貢하다.
이십칠년 춘 정월 견사입 진 조공

秋.七月에 地震하다.
추 칠월 지진

▷ 본문풀이 ◁

27년, 봄 정월에 〈진〉나라에 사신을 보내 조공을 하였다. 가을
7월에, 지진이 일어났다.

○二十八年, 春.二月에 遣使入〈晉〉朝貢하다.
이십팔년 춘 이월 견사입 진 조공

秋.七月에 築城於〈青木嶺:開城 부근〉하다. 〈禿山:華
추 칠월 축성어 청목령 독산

城郡?〉城主가 率.三百人하고 奔〈新羅〉하다.
성주 솔 삼백인 분 신라

▷ 본문풀이 ◁

28년, 봄 2월에 〈진〉나라에 사신을 보내 조공을 하였다. 가을
7월에, 〈청목령〉에 성을 쌓았다. 〈독산〉 성주가 백성 3백 명을 거
느리고 〈신라〉로 도망해갔다.

○三十年, 秋.七月에 〈高句麗〉來攻北鄙〈水谷
삼십년 추 칠월 고구려 내공북비 수곡

城:新溪〉하여 陷之하다. 王이 遣將拒之나 不克하다.
성 함지 왕 견장거지 불극

王이 又將.大擧兵하여 報之나 以.年荒不果하다.
왕 우장 대거병 보지 이 년황불과

冬,十一月에 王薨하다.『古記』云하되 "〈百濟〉開
동 십 일 월   왕 홍   고 기 운   백 제 개

國已來로 未有以文字記事러니 至時에 得博士「高
국 이 래   미 유 이 문 자 기 사   지 시   득 박 사 고

興」하여 始有『書記』라."하다. 然이나「高興」은 未
홍   시 유 서 기 라   연   고 홍 미

嘗顯於,他書어늘 不知其,何許人也하다.
상 현 어 타 서   부 지 기 하 허 인 야

▷ **본문풀이** ◁

　30년, 가을 7월에 〈고구려〉가 북쪽 변방의 〈수곡성〉을 공격하
여 함락시켰다. 왕이 장수를 보내 방어하게 하였으나 이기지 못
했다. 왕이 다시 군사를 크게 동원하여 보복하려 했으나 흉년이
들었기에 실행하지 못했다. 겨울 11월에, 왕이 서거하였다. [고
기]에 이르기를, "〈백제〉는 개국 이래 문자로 사적을 기록한 적
이 없다가, 이때에 와서 박사「고흥」이 처음으로 [서기]를 썼다."
라고 기록되어 있다. 그러나「고흥」이라는 이름이 다른 서책에는
나타난 적이 없기 때문에, 그가 어떠한 사람인지는 알 수 없다.

14 近仇首王(근구수왕) : 375~384

○『近仇首王』[一云「諱須」.]은『近肖古王』之子라.

先是에〈高句麗〉의『國岡王:故國原王』인「斯由」가

親,來侵하니『近肖古王』이 遣,太子하여 拒之하다.

至〈半乞壤:雉壤의 別稱〉하여 將戰하다.〈高句麗〉人

「斯紀」는 本〈百濟〉人으로 誤傷,國馬蹄하니 懼罪

奔於彼하다. 至是에 還來하여 告太子曰, "彼師雖

多나 皆,備數疑兵(거짓 군사)而已니다. 其驍勇은 唯

赤旗이니 若先破之면 其餘不攻,自潰니이다."하니

太子從之하여 進擊,大敗之하고 追奔逐北하여 至

於〈水谷城:新溪〉之,西北하다. 將軍「莫古解」諫曰,

"嘗聞,道家之言하니 '知足不辱하고 知止不殆

라.'고 하니다. 今,所得多矣니 何必求多리오?"하다.

太子善之하여 止焉하고 乃,積石爲表하여 登其上

하여 顧,左右曰, "今日之後에 疇克再至於,此乎

아?"하다. 其地有巖石이 罅若馬蹄者하니, 他人,
기 지 유 암 석　　　하 약 마 제 자　　　　타 인

至今도 呼爲'太子馬迹'이라 하다. 『近肖古』在位,
지 금　 호 위　 태 자 마 적　　　　　　　 근 초 고 　 재 위

三十年薨하니 卽位하다.
삼 십 년 홍　　　　즉 위

▶ 어려운 낱말 ◀

[國馬(국마)] : 國用馬. 왕이 타는 말. [懼罪奔(구죄분)] : 벌을 받을까 두려워서
도망가다. [罅] : 틈(하). [馬蹄(마제)] : 말발굽. [疇克(주극)] : 누가 능히.

▷ 본문풀이 ◁

　『근구수왕』【「휘수」라고도 한다.】은 『근초고왕』의 아들이다. 이보
다 앞서 〈고구려〉 『국강왕』 「사유」가 직접 와서 침범하니 『근초
고왕』이 태자를 보내 방어하게 하였다. 그는 〈반걸양〉에 이르러
전투를 시작하려 하였다. 〈고구려〉인 「사기」는 원래 〈백제〉인이
었는데, 실수로 왕이 타는 말의 발굽을 상처를 나게 하였다. 그는
이로 말미암아 벌을 받을까 두려워하여 고구려로 도망갔었다. 그
가 이때 돌아와서 태자에게 말하기를, 고구려 군사가 비록 수는
많으나 모두 가짜 군사로서 수를 채운 것에 불과합니다. 그중 제
일 강한 부대는 붉은 깃발을 든 부대이니, 만일 그 부대를 먼저
공략하면 나머지는 치지 않아도 저절로 무너질 것입니다." 했다.
태자가 이 말을 듣고 진격하여 크게 이기고, 달아나는 군사를 계
속 추격하여 〈수곡성〉 서북에 도착하였다. 이때 장수 「막고해」
가 간하기를, "일찍이 도가의 말에 '만족할 줄을 알면 욕을 당하

지 않고, 그칠 줄을 알면 위태롭지 않다.'고 하였습니다. 지금 얻은 바도 많은데 어찌 더 많은 것을 바라겠습니까?' 하니, 태자가 이 말을 옳게 여겨 추격을 중단하고, 그는 즉시 그곳에 돌을 쌓아 표적을 만들고, 그 위에 올라가 좌우를 돌아보면서 말하기를, "오늘 이후로 누가 다시 이곳에 올 수 있는가?" 그곳에는 말발굽 같이 생긴 바윗돌 틈이 있는데, 사람들은 지금까지도 그것을 '태자의 말굽 자국'이라고 부른다. 『근초고왕』이 재위 30년에 서거하자 그가 왕위에 올랐다.

○二年에 以,王舅「眞高道」로 爲,內臣佐平하여
　　　이 년　　　이 왕 구　진 고 도　　　위 내 신 좌 평
委以政事하다. 冬,十一月에 〈高句麗〉來侵北鄙하
위 이 정 사　　　동 십 일 월　　　고 구 려　　내 침 북 비
다.

▷ **본문풀이** ◁

2년에, 왕의 외삼촌「진고도」를 내신좌평으로 삼아 정사를 맡겼다. 겨울 11월에, 〈고구려〉가 북쪽 변경을 침범하였다.

○三年, 冬,十月에 王이 將兵三萬으로 侵〈高句
　　　삼 년　동 십 월　　　왕　　장 병 삼 만　　　침 고 구
麗〉〈平壤城〉하다. 十一月에 〈高句麗〉來侵하다.
려　　평 양 성　　　십 일 월　　　고 구 려　내 침

▷ **본문풀이** ◁

3년, 겨울 10월에 왕이 군사 3만 명을 거느리고 〈고구려〉의 〈평양성〉을 침공하였다. 11월에, 〈고구려〉가 침입하였다.

○ 五年, 春.三月에 遣使하여 朝〈晉〉이나 其使海
　　오 년　춘 삼 월　　견 사　　조 진　　　기 사 해
上에 遇.惡風하여 不達而還하다. 夏.四月에 雨土
상　우 악 풍　　　부 달 이 환　　　　하 사 월　　우 토
竟日하다.
경 일

▷ **본문풀이** ◁

5년, 봄 3월에 〈진〉나라에 사신을 보내 예빙하려 했으나, 그 사신이 해상에서 폭풍을 만나 진나라에 도착하지 못하고 돌아왔다. 여름 4월에, 흙비가 종일 내렸다.

○ 六年에 大疫하다. 夏.五月에 地裂하고 深.五丈
　　육 년　대 역　　　하 오 월　　지 렬　　　심 오 장
이요 橫廣三丈이라 三日內合하다.
　　횡 광 삼 장　　　삼 일 내 합

▷ **본문풀이** ◁

6년에, 전염병이 크게 돌았다. 여름 5월에, 땅의 깊이가 다섯 길, 넓이가 세 길이나 되게 갈라졌다가 3일 만에 다시 붙었다.

○八年에 春.不雨하여 至.六月하다 民饑하여 至
　　　　　　팔 년　춘 불 우　　　 지 유 월　　　민 기　　　 지
有.鬻子者하니 王이 出官穀하여 贖之하다.
　　유 육 자 자　　　 왕　 출 관 곡　　　속 지

▶ 어려운 낱말 ◀

[鬻] : 팔(육). [贖] : 속량할(속)

▷ 본문풀이 ◁

8년에, 봄부터 6월까지 비가 내리지 않았다. 백성들이 굶주려
자식을 파는 자가 있게 되니, 왕이 나라의 곡식을 내어 대신 값을
물어 주었다.

○十年, 春.二月에 日有暈.三重하다. 宮中大樹.
　　십 년　춘 이 월　　 일 유 훈 삼 중　　　　궁 중 대 수
自拔하다. 夏.四月에 王薨하다.
　자 발　　　 하 사 월　왕 훙

▶ 어려운 낱말 ◀

[暈] : 달, 해. 무리(훈). [自拔(자발)] : 저절로 뽑힘.

▷ 본문풀이 ◁

10년, 봄 2월에 햇무리가 세 겹으로 둘려졌다. 대궐 뜰에 있던
큰 나무가 저절로 뽑혔다. 여름 4월에, 왕이 서거하였다.

15 枕流王(침류왕) : 384~385

○『枕流王』은『近仇首王』之元子요, 母曰,「阿
介」夫人이니 繼父卽位하다. 秋,七月에 遣使入
〈晉〉하여 朝貢하다. 九月에 〈胡〉僧「摩羅難陀」가
自〈晉〉至하니 王이 迎之하여 致,宮內하고 禮敬焉
하다. 佛法이 始於此하니라.

▷ 본문풀이 ◁

『침류왕』은『근구수』의 맏아들이요, 어머니는 「아이」부인이
니, 그는 아버지의 뒤를 이어 즉위하였다. 가을 7월에, 〈진〉나라
에 사신을 보내 조공하였다. 9월에, 인도 승려 「마라난타」가 〈진〉
나라에서 오니, 왕이 궁중으로 맞아들여 우대하고 공경하였다.
불교가 이때부터 시작되었다.

○二年, 春,二月에 創,佛寺於〈漢山〉하고 度僧十
人하다. 冬,十一月에 王薨하다.

2년, 봄 2월에 〈한산〉에 절을 창건하고, 중 10명에게 도첩을 내렸다. 겨울 11월에, 왕이 서거하였다.

16 │ 辰斯王(진사왕) : 385~392

○『辰斯王』은『近仇首王』之 仲子로『枕流』之弟
   진 사 왕   근 구 수 왕 지 중 자   침 류 지 제
니라. 爲人强勇하고 聰惠 多智略하다.『枕流』之薨
   위 인 강 용   총 혜 다 지 략   침 류 지 흥
也에 太子少라 故로 叔父「辰斯」가 卽位하다.
   야   태 자 소 고   숙 부 진 사   즉 위

『진사왕』은『근구수왕』의 둘째 아들이며,『침류왕』의 아우이다. 그는 사람됨이 용맹하며 총명하고 지략이 많았다.『침류왕』이 서거하였을 때 태자의 나이가 어렸기 때문에 태자의 숙부「진사」가 즉위하였다.

○二年, 春에 發 國內人 年十五歲已上하여 設,
   이 년 춘   발 국 내 인 년 십 오 세 이 상   설

關防하니 自〈靑木嶺:개성〉에서 北距〈八坤城:위치
관방　　자청목령　　　　　　　　　북거 팔곤성

미상〉하고 西至於海하다. 秋,七月에 隕霜害穀하다.
　　　　서지어해　　　추칠월　　운상해곡

八月에〈高句麗〉가 來侵하다.
팔월　　고구려　　내침

▷ 본문풀이 ◁

　2년, 봄에 국내의 15세 이상 되는 사람들을 징발하여 관문의 방
어시설을 하니, 그 길이가 〈청목령〉에서부터 시작하여 북으로는
〈팔곤성〉까지 이르고 서쪽으로는 바다에 닿았다. 가을 7월에, 서
리가 내려 곡식을 해쳤다. 8월에, 〈고구려〉가 침입하여 왔다.

　○三年, 春,正月에 拜「眞嘉謨」하여 爲,達率하고
　　삼년 춘정월　　배 진가모　　　　위 달솔

「豆知」를 爲,恩率하다. 秋,九月에 與〈靺鞨:東濊〉로
　두지　　위 은솔　　　추구월　　여 말갈

戰〈關彌嶺:위치 미상〉이나 不捷하다.
전 관미령　　　　　　　불첩

▶ 어려운 낱말 ◀

　[不捷(불첩)] : 이기지 못함. [捷] : 이길(첩).

▷ 본문풀이 ◁

　3년, 봄 정월에 「진가모」를 임명하여 달솔로 삼고, 「두지」를 은
솔로 임명하였다. 가을 9월에, 〈관미령〉에서 〈말갈〉과 싸웠으나
승리하지 못했다.

○五年, 秋.九月에 王이 遣兵하여 侵掠〈高句麗〉
　　　오 년　추 구 월　왕　　견 병　　　침 략　고 구 려
南鄙하다.
남 비

▷ 본문풀이 ◁

　5년, 가을 9월에 왕이 군사를 보내 〈고구려〉의 남쪽 접경을 침
략하였다.

○六年, 秋.七月에 星.孛于.北河하다. 九月에 王
　　　육 년　추 칠 월　성 패 우 북 하　　　구 월　　왕
이 命.達率「眞嘉謨」하여 伐〈高句麗〉하여 拔〈都坤
　　명 달 솔 진 가 모　　　　벌 고 구 려　　　　발 도 곤
城:위치 미상〉하고 虜得.二百人하다. 王이 拜「嘉謨」
성　　　　　　　노 득 이 백 인　　　　왕　　배 가 모
하여 爲.兵官佐平하다. 冬.十月에 獵於〈狗原:위치 미
　　위 병 관 좌 평　　　동 시 월　　엽 어 구 원
상〉하다가 七日乃返하다.
　　　　　칠 일 내 반

▷ 본문풀이 ◁

　6년, 가을 7월에 혜성이 북하 성좌에 나타났다. 9월에, 왕이 달
솔 「진가모」를 명하여 〈고구려〉를 치게 해서 〈도곤성〉을 함락하
고, 포로 2백 명을 사로잡았다. 왕이 「가모」를 병관좌평에 임명
하였다. 겨울 10월에, 왕이 〈구원〉에서 사냥을 하다가 7일 만에
돌아왔다.

○七年, 春,正月에 重修宮室하고 穿池造山하여
칠년 춘 정월 중수궁실 천지조산

以養,奇禽異卉하다. 夏,四月에 〈靺鞨〉이 攻陷北
이양기금이훼 하사월 말갈 공함북

鄙〈赤峴城:위치 미상〉하다. 秋,七月에 獵,國西大島
비 적현성 추칠월 엽국서대도

하다가 王이 親射鹿하다. 八月에 又獵〈橫岳:?〉之
왕 친사록 팔월 우렵 횡악 지

西하다.
서

▶ 어려운 낱말 ◀

[穿池(천지)] : 못을 파다. [奇禽異卉(기금이훼)] : 이상한 새들과 기이한 화초.
[攻陷(공함)] : 쳐서 함락함.

▷ 본문풀이 ◁

7년, 봄 정월에 궁실을 중수하고 연못을 파서 산을 만들어 진귀
한 새를 기르고 기이한 화초를 가꾸었다. 여름 4월에, 〈말갈〉이
북쪽 변경의 〈적현성〉을 공격하여 함락시켰다. 가을 7월에, 왕이
서쪽 큰 섬에서 사냥하다가 왕이 직접 활을 쏘아 사슴을 잡았다.
8월에, 왕이 다시 〈횡악〉 서쪽 지역에서 사냥하였다.

○八年, 夏,五月丁卯,朔에 日有食之하다. 秋,七
팔년 하오월정묘삭 일유식지 추칠

月에 〈高句麗〉王「談德:廣開土王」이 帥兵四萬으로
월 고구려왕 담덕 솔병사만

來攻北鄙하여 陷〈石峴:지금의 개풍군?〉等, 十餘城하
내공북비 함 석현 등 십여성

다. 王이 聞「談德」이 能,用兵하고 不得出拒하니
왕 문 담덕 능 용병 부득출거

〈漢水〉北,諸部落이 多沒焉하다. 冬,十月에 〈高句
한 수 북 제부락 다몰언 동 시월 고구

麗〉攻拔〈關彌城:지금의 喬桐島?〉하다. 王이 田於〈狗
려 공발 관미성 왕 전어구

原〉하고 經旬不返하다. 十一月에 薨於〈狗原〉行
원 경순불반 십일월 훙어 구원 행

宮하다.
궁

▶ 어려운 낱말 ◀

[攻拔(공발)] : 쳐서 함락하다. [經旬不返(경순불반)] : 열흘이 지나도록 돌아오
지 않음. [行宮(행궁)] : 임금이 순행할 때 머무는 임시 숙소.

▷ 본문풀이 ◁

8년, 여름 5월 초하루 정묘일에 일식이 있었다. 가을 7월에, 〈고
구려〉왕 「담덕」이 4만 명의 군사를 거느리고 와서 북쪽 변경을 침
공하여 〈석현성〉 등, 10여 성을 함락시켰다. 왕이 「담덕」의 용병
에 능통하다는 말을 듣고 대항하기를 회피하니 〈한수〉 북쪽의 여
러 부락을 빼앗겼다. 겨울 10월에, 〈고구려〉가 〈관미성〉을 쳐서
함락시켰다. 왕이 〈구원〉에서 사냥하며 열흘이 지나도록 돌아오
지 않았다. 11월에, 왕이 〈구원〉의 행궁에서 서거하였다.

17 | 阿莘王(아신왕) : 392~405

○『阿莘王』[或云〈阿芳〉]은 『枕流王』之元子니라.
初에 生於〈漢城〉別宮에 神光이 炤夜하다. 及壯에
志氣豪邁하고 好鷹馬하다. 王이 薨時에 年少라
故로 叔父「辰斯」가 繼位러니 八年에 薨하니 卽位
하다.

▶ 어려운 낱말 ◀

[神光炤夜(신광소야)] : 신비한 광채가 어둠을 밝히다. [炤] : 밝을(소). 비출
(조), 照와 동일. [及壯(급장)] : 장년이 되어서. [志氣豪邁(지기호매)] : 의지와
기풍이 호방함.

▷ 본문풀이 ◁

『아신왕』【혹은 「아방」이라고도 한다.】은 『침류왕』의 맏아들이다.
처음 그가 〈한성〉의 별궁에서 태어났을 때 신비로운 광채가 밤을
밝혔다. 그가 장성하자 의지와 기풍이 호매하였으며, 매사냥과
말 타기를 좋아하였다. 침류왕이 죽었을 때, 그는 나이가 어렸기
때문에 그의 숙부 「진사」가 왕위를 이었더니, 『진사왕』이 재위 8
년 만에 서거하자, 그가 즉위하였다.

○二年, 春, 正月에 謁『東明』廟하고 又祭, 天地於
南壇하다. 拜「眞武」로 爲, 左將하여 委以, 兵馬事하
다. 「武」는 王之親舅로 沈毅有, 大略하여 時人이
服之하다. 秋, 八月에 王이 謂「武」曰, "〈關彌城〉
者는 北鄙之襟要也라. 今爲〈高句麗〉所有나 此,
寡人之所痛惜이니 而卿之, 所宜用心而, 雪恥也
라." 하고 遂謀, 將兵一萬하여 伐〈高句麗〉南鄙하
다. 「武」가 身先士卒하고 以冒矢石으로 意復「石
峴」等, 五城하려고 先圍〈關彌城〉하나 〈麗〉人이
城, 固守하다. 「武」는 以, 糧道不繼하여 引而歸하니
라.

▶ 어려운 낱말 ◀

　[親舅(친구)] : 외숙, 즉 외삼촌. [沈毅(침의)] : 침착하고 굳셈. [襟要(금요)] : 가
　장 중요한 땅. [雪恥(설치)] : 설욕하다. 恥와 耻는 같은 자임.

▷ 본문풀이 ◁

　2년, 봄 정월에 왕이 『동명왕』의 사당에 배알하고, 또한 남쪽
제단에서 천지신명에게 제사를 올렸다. 「진무」를 좌장으로 임명

하여 군사에 관한 일을 맡겼다. 「진무」는 왕의 외삼촌으로서 침착하고 굳세며 지략이 커서 당시 사람들이 그에게 복종했다. 가을 8월에 왕이 「진무」에게 "〈관미성〉은 우리나라 북쪽 변경의 요새이다. 지금은 〈고구려〉의 소유로 되었으니 이것을 과인은 애통하는 바이니, 그대는 마땅히 이 점에 마음을 기울여, 이 치욕을 갚아야 할 것이다."라고 말했다. 마침내 1만 명의 군사를 동원하여 〈고구려〉의 남쪽 변경을 칠 것을 계획하였다. 「진무」는 병졸보다 앞장서서 화살과 돌을 무릅쓰고 「석현」 등의 다섯 성을 회복하기 위하여 먼저 〈관미성〉을 포위했는데, 〈고구려〉 사람들이 성을 굳게 방어하였다. 「진무」는 군량의 수송로를 잇지 못하여 군사를 이끌고 돌아왔다.

○三年, 春二月에 立元子「腆支」로 爲太子하다. 大赦하다. 拜庶弟「洪」하여 爲內臣佐平하다.
秋七月에 與〈高句麗〉로 戰於〈水谷城:新溪〉下하여 敗績하다. 太白이 晝見하다.

▷ **본문풀이** ◁

3년, 봄 2월에 왕의 맏아들 「전지」를 태자로 삼다. 죄수들을 크게 사면하였다. 왕의 이복동생 「홍」을 내신좌평으로 임명하였다. 가을 7월에, 〈고구려〉와 〈수곡성〉 아래에서 싸워 패배하였다.

태백성이 낮에 나타났다.

○四年, 春二月에 星孛于西北하여 二十日而滅
　　　사 년　춘 이 월　　성 패 우 서 북　　　　이 십 일 이 멸

하다. 秋八月에 王이 命左將「眞武」等하여 伐〈高
　　　추 팔 월　　왕　　명 좌 장　진 무　등　　　벌　고

句麗〉하니 〈麗〉王「談德廣開土王」이 親帥兵七千하
구 려　　　　　여 왕　담 덕　　　　　　친 솔 병 칠 천

여 陣於〈浿水:예성강〉之上하고 拒戰하다. 我軍大敗
　　진 어 패 수　　　　　지 상　　　거 전　　　아 군 대 패

하여 死者八千人하다. 冬十一月에 王이 欲報〈浿
　　　사 자 팔 천 인　　　동 십 일 월　　왕　　욕 보　패

水〉之役하여 親帥兵七千人하고 過〈漢水〉하여 次
수 지 역　　　친 솔 병 칠 천 인　　　과　한 수　　　차

於〈青木嶺:開城 부근〉下 하니 會大雪하여 士卒이
어　청 목 령　　　　　　　하　　　회 대 설　　　사 졸

多凍死하다. 廻軍하여 至〈漢山城〉하여 勞軍士하
다 동 사　　　회 군　　　지 한 산 성　　　노 군 사

다.

▶ 어려운 낱말 ◀

[拒戰(거전)] : 항전. [勞軍士(노군사)] : 군사를 위로하다.

▷ 본문풀이 ◁

　4년, 봄 2월에 혜성이 서북쪽에 나타났다가 20일 만에 사라졌
다. 가을 8월에, 왕이 좌장 「진무」 등에게 명하여 〈고구려〉를 치
게 하니, 〈고구려〉왕 「담덕」이 직접 군사 7천 명을 거느리고 〈패

수〉에 진을 치고 거전하였다. 우리 군사가 크게 패하였으니 사망자가 8천 명이었다. 겨울 11월에, 왕이 〈패수〉 전투의 패배를 보복하기 위하여, 직접 군사 7천 명을 거느리고 〈한수〉를 건너 〈청목령〉 아래에 진을 치니, 그때 마침 큰 눈이 내려 병졸들이 동사자가 많이 발생하자, 왕은 회군하여 〈한산성〉에 이르러 군사들을 위로하였다.

○六年, 夏五月에 王이 與〈倭〉國으로 結好하고
　육년　하오월　왕　여왜국　　결호

以,太子「腆支」로 爲質하다. 秋,七月에 大閱於〈漢
이태자전지　위질　추칠월　대열어한

水〉之南하다.
수　지남

▷ **본문풀이** ◁

6년, 여름 5월에 왕이 〈왜국〉과 우호 관계를 맺고, 태자 「전지」를 인질로 보냈다. 가을 7월에, 〈한수〉 남쪽에서 대대적으로 군대를 사열하였다.

○七年, 春,二月에 以「眞武」로 爲,兵官佐平하고
　칠년　춘이월　이진무　위병관좌평

「沙豆」로 爲,左將하다. 三月에 築〈雙峴城:위치 미
사두　위좌장　삼월　축쌍현성

상〉하다. 秋,八月에 王이 將伐〈高句麗〉하여 出師
추팔월　왕　장벌고구려　출사

至〈漢山〉北柵하다. 其夜에 大星이 落하니 營中有
지한산북책　기야　대성락　영중유

聲하다. 王이 深惡之하여 乃止하다. 九月에 集都人
성 왕 심악지 내지 구월 집도인

하여 習射於〈西臺〉하다.
습사어 서대

▷ 본문풀이 ◁

7년, 봄 2월, 「진무」를 병관좌평을 삼고 「사두」를 좌장으로 삼
았다. 3월에, 〈쌍현성〉을 쌓았다. 가을 8월에, 왕은 〈고구려〉를
공격하려고 군사를 출동하여 〈한산〉 북쪽 목책에 이르렀다. 그
날 밤에 큰 별이 떨어지니, 진영에서 소리가 들렸다. 왕은 이를
매우 두렵게 여겨 공격을 중지하였다. 9월에, 서울 사람들을 모
아 〈서대〉에서 활쏘기를 연습하게 하였다.

○八年, 秋 八月에 王이 欲侵〈高句麗〉하여 大徵
팔년 추 팔월 왕 욕침 고구려 대징

兵馬하여 民苦於役하여 多奔〈新羅〉하니 戶口衰
병마 민고어역 다분 신라 호구쇠

減하다.
감

▷ 본문풀이 ◁

8년, 가을 8월에 왕이 〈고구려〉를 침략하려고 군사와 말을 크
게 징발하니, 백성들이 병역을 괴롭게 여겨 많은 사람들이 〈신라〉
로 도망하니, 이로 인해 호구가 감소했다.

○九年, 春二月에 星孛于奎婁하다. 夏六月庚
辰朔에 日有食之하다.
구 년 춘 이 월 성 패 우 규 누 하 유 월 경
진 삭 일 유 식 지

▷본문풀이◁

9년, 봄 2월에 혜성이 규성과 누성 성좌에 나타났다. 여름 6월,
초하루 경진 일에 일식이 있었다.

○十一年, 夏에 大旱하여 禾苗焦枯하니 王이 親
祭〈橫岳〉하니 乃雨하다. 五月에 遣使〈倭〉國하여
求大珠하다.
십 일 년 하 대 한 화 묘 초 고 왕 친
제 횡 악 내 우 오 월 견 사 왜 국
구 대 주

▷본문풀이◁

11년, 여름에 큰 가뭄이 들어 벼 싹이 타들어가니, 왕이 직접 〈횡
악〉에서 제사를 지내니, 곧 비가 내렸다. 5월에, 〈왜국〉에 사신을
보내 큰 구슬을 구하기로 하였다.

○十二年, 春二月에 〈倭〉國使者至하니 王이
迎勞之하며 特厚하다. 秋七月에 遣兵侵〈新羅〉
邊境하다.
십 이 년 춘 이 월 왜 국 사 자 지 왕
영 로 지 특 후 추 칠 월 견 병 침 신 라
변 경

▷본문풀이◁

12년, 봄 2월에 〈왜국〉 사자가 이르니 왕이 맞이하여 위로하며
특별히 후하게 대하였다. 가을 7월에 군사를 보내 〈신라〉 변경을 침
략하였다.

　　12년, 봄 2월에 〈왜국〉에서 사신이 오니, 왕이 이들을 환영하며 위로하였으며 특히 후하게 하였다. 가을 7월에, 군사를 보내 〈신라〉 변경을 침공하였다.

　　○十四年, 春.三月에 白氣가 自.王宮西起하니
　　　　십 사 년　　춘 삼 월　　　백 기　　　자 왕 궁 서 기

如.匹練하다. 秋.九月에 王薨하다.
여 필 련　　　　추 구 월　　왕 홍

　　14년, 봄 3월에 흰 기운이 왕궁 서쪽에 일어났으니 마치 비단을 펼쳐 놓은 것 같았다. 가을 9월에, 왕이 서거하였다.

18 腆支王(전지왕) : 405~420

　　○『腆支王』[王名은 或云「直支」라.]은 『梁書』에 名은
　　　　전 지 왕　　　　　　　　　　　　　　　　　　　양 서　　　　명

「暎」이라 하니 『阿莘』之.元子니라. 『阿莘』의 在位,
영　　　　　　　아 신 지 원 자　　　　아 신　　　재 위

第三年에 立爲太子하여 六年에 出質於〈倭〉國이
제 삼 년　　입 위 태 자　　　　육 년　　출 질 어 왜 국

라가 十四年에 王薨하니 王의 仲弟「訓解」가 攝政
　　　십사년　　왕흥　　　왕　　중제 훈해　　　섭정
하며 以待.太子還國이러니 季弟「碟禮」가 殺「訓
　　　이대 태자환국　　　　계제 접례　　　살 훈
解」하고 自立爲王하다.「腆支」가 在〈倭〉聞訃하고
해　　　자립위왕　　　　　전지　　재왜 문부
哭泣請歸하니 〈倭〉王이 以.兵士百人으로 衛送하
곡읍청귀　　　왜 왕　　　이병사백인　　　위송
다. 旣至國界하니 〈漢城〉人「解忠」이 來告曰, "大
　　기지국계　　　한성 인해충　　　내고왈　　대
王棄世에 王弟「碟禮」가 殺兄.自立王하니 願.太子
왕기세　　왕제 접례　　　살형 자립왕　　　원태자
는 無輕入하소서." 하니 「腆支」는 留〈倭〉人自衛하
　　무경입　　　　　　　　전지　　유 왜 인자위
며 依.海島以待之러니 國人이 殺 「碟禮」하고 迎
　　의 해도이대지　　　국인　　살　접례　　　영
「腆支」卽位하다. 妃는 「八須」夫人이니 生子「久尒
전지 즉위　　　비　　팔수 부인　　　생자 구이
辛」하니라.
신

▷ 본문풀이 ◁

　『전지왕』【혹은 「직지」라고도 한다.】의 이름을 [양서]에서는 「영」이
라고 하였다. 그는 『아신왕』의 맏아들로서, 『아신왕』 재위 3년에
태자가 되었고, 6년에 왜국에 인질로 갔다. 14년에 『아신왕』이
사망하자, 왕의 둘째 동생 「훈해」가 정사를 대리하며 태자의 귀
국을 기다렸는데, 왕의 막냇동생 「접례」가 「훈해」를 죽이고 자기
가 왕이 되었다. 이때 「전지」가 〈왜국〉에서 부고를 듣고 울면서

귀국을 요청하니, 〈왜〉왕이 1백 명의 군사로 하여금 그를 보호하여 귀국하게 하였다. 그가 국경에 이르자 〈한성〉 사람 「해충」이 와서 고하기를, "대왕이 죽은 후에, 왕의 동생 「접례」가 형을 죽이고 자기가 왕위에 올랐으니, 태자께서는 경솔히 들어오지 마시기 바랍니다."라고 하였다. 「전지」가 〈왜〉인을 체류시켜 자기를 호위하게 하면서 바다 가운데의 섬에서 대기하고 있었는데, 백성들이 「접례」를 죽이고 「전지」를 맞이하여 왕위에 오르게 하였다. 왕비는 「팔수」부인이다. 그녀는 아들 「구이신」을 낳았다.

○二年, 春.正月에 王이 謁『東明』廟하고 祭.天
地於南壇하며 大赦하다. 二月에 遣使入〈晉〉하여
朝貢하다. 秋.九月에 以「解忠」으로 爲.達率하고 賜
〈漢城〉租.一千石하다.

▷ **본문풀이** ◁

2년, 봄 정월에 왕이 『동명왕』의 사당에 배알하고 남쪽 제단에서 천지신명에게 제사를 지냈으며 죄인들을 크게 사면하였다. 2월에, 〈진〉나라에 사신을 보내 조공하였다. 가을 9월에, 「해충」으로 달솔에 임명하고, 〈한성〉의 벼 1천 석을 주었다.

○三年, 春.二月에 拜.庶弟「餘信」하여 爲.內臣

佐平하고 「解須」로 爲,内法佐平하고 「解丘」로 爲,
좌 평   해 수   위 내 법 좌 평   해 구   위

兵官佐平하니 皆,王戚也니라.
병 관 좌 평   개 왕 척 야

▷ 본문풀이 ◁

3년, 봄 2월에 이복동생 「여신」을 내신좌평으로 임명하고, 「해수」를 내법좌평으로 임명하고, 「해구」를 병관좌평으로 임명하니, 모두가 왕의 친척이었다.

○四年, 春,正月에 拜「餘信」하여 爲,上佐平하여
사 년   춘 정 월   배 여 신   위 상 좌 평

委以軍國政事하다. 上佐平之職은 始於此하니 若,
위 이 군 국 정 사   상 좌 평 지 직   시 어 차   약

今之塚宰니라.
금 지 총 재

▶ 어려운 낱말 ◀

[委(위)] : 위임. [塚宰(총재)] : 재상.

▷ 본문풀이 ◁

4년, 봄 정월에 「여신」을 상좌평으로 임명하여 군사와 정사를 맡겼다. 상좌평이라는 직위가 이때부터 시작되었으니, 지금의 재상과 같은 것이었다.

○五年에 〈倭〉國이 遣使하여 送,夜明珠하니 王
오 년   왜 국   견 사   송 야 명 주   왕

이 **優禮待之**하다.
우 례 대 지

▷ 본문풀이 ◁

5년에, 〈왜국〉이 사신을 보내어 야명주를 보내오니 왕이 특별한 예의로 대접했다.

○**十一年, 夏.五月甲申**에 **彗星**이 **見**하다.
십 일 년 하 오 월 갑 신 혜 성 현

▷ 본문풀이 ◁

11년, 여름 5월 갑신에 혜성이 나타났다.

○**十二年**에 〈**東晉**〉「**安帝**」**遣使**하여 **冊.命王**하니
십 이 년 동 진 안 제 견 사 책 명 왕
爲.'使持節都督〈**百濟**〉**諸軍事鎭東將軍**〈**百濟**〉
위 사 지 절 도 독 백 제 제 군 사 진 동 장 군 백 제
王'이라 하다.
왕

▷ 본문풀이 ◁

12년, 〈동진〉의 「안제」가 사신을 보내 왕을 '사지절도독〈백제〉제군사진동장군〈백제〉왕'으로 책봉하였다.

○**十三年, 春.正月甲戌.朔**에 **日有食之**하다. **夏.**
십 삼 년 춘 정 월 갑 술 삭 일 유 식 지 하

四月에 旱하여 民饑하다. 秋,七月에 徵,東北二部
사월　　한　　　　민기　　　　추칠월　　징　동북이부

人,年十五已上하여 築〈沙口城:위치 미상〉하고 使,兵
인，년십오이상　　　축　사구성　　　　　　　사병

官佐平「解丘」로 監役하다.
관좌평　해구　　　감역

▶ 어려운 낱말 ◀

　[已上(이상)]: 以上.　[監役(감역)]: 일을 감독함.

▷ 본문풀이 ◁

　13년, 봄 정월 초하루 갑술일에 일식이 있었다. 여름 4월에, 가
뭄이 들어 백성들이 굶주렸다. 가을 7월에, 동부와 북부 2부의
15세 이상 되는 사람들을 징발하여 〈사구성〉을 쌓고 병관좌평
「해구」로 하여금 이 일을 감독하게 하였다.

　○十四年, 夏에 遣使〈倭〉國하여 送,白綿十匹하
　　　십사년　하　견사　왜　국　　　　송백면십필
다.

▷ 본문풀이 ◁

　14년, 여름에 〈왜국〉에 사신을 보내어 흰 무명 열 필을 보냈다.

　○十五年, 春,正月戊戌에 星孛于,太微하다. 冬,
　　　십오년　춘정월무술　　　성패우태미　　　　동

十一月．丁亥朔에 日有食之하다.
십 일 월 정 해 삭　일 유 식 지

▷ 본문풀이 ◁

　15년, 봄 정월 무술에 혜성이 태미 성좌에 나타났다. 겨울 11월, 초하루 정해일에 일식이 있었다.

○十六年, 春.三月에 王薨하다.
십 육 년　춘 삼 월　왕 홍

▷ 본문풀이 ◁

　16년 봄 3월, 왕이 서거하였다.

19 久尒辛王(구이신왕) : 420~427

　○『久尒辛王』은『腆支王』長子니라.『腆支王』薨
구 이 신 왕　　전 지 왕 장 자　　　전 지 왕 홍
하자 卽位하다.
즉 위

『구이신왕』은 『전지왕』의 맏아들이다. 『전지왕』이 서거하자
그가 왕위에 올랐다.

○八年, 冬,十二月에 王薨하다.
　팔 년　동 십이월　　왕 훙

▷ 본문풀이 ◁

8년, 겨울 12월에 왕이 서거하였다.

20│毗有王(비유왕) : 427~454

○『毗有王』은 『久尒辛王』之,長子니라.[或云, 『腆支
　비유왕　　구이신왕　지장자
王』庶子라 하나 未知孰是라.] 美姿貌하고 有,口辯하니 人
　　　　　　　　　　　　미자모　　　유구변　　　인
所推重하여 『久尒辛王』薨하니 卽位하다.
소추중　　　구이신왕　훙　　　즉위

▷ 본문풀이 ◁

『비유왕』은 『구이신왕』의 맏아들이다.【혹은 『전지왕』의 서자라고

도 하니, 어느 것이 옳은지는 알 수 없다.】 그는 용모가 잘생기고 말을 잘
하여 사람들이 따르고 귀중히 여겨 『구이신왕』이 서거하자 그가
즉위하였다.

○二年, 春,二月에 王이 巡撫四部하고 賜,貧乏
　　이 년　 춘 이 월　　왕　　 순 무 사 부　　　사 빈 핍
穀有差하다. 〈倭〉國使至하니 從者,五十人이러라.
곡 유 차　　　 왜 국 사 지　 종 자 오 십 인

▷ 본문풀이 ◁

2년, 봄 2월에 왕이 4부를 순행하고 백성들을 위무하되 가난한
자들에게 정도에 따라 곡식을 나누어 주었다. 〈왜국〉사신이 왔
는데 수행자가 50명이었다.

○三年, 秋에 遣使入〈宋〉하여 朝貢하다. 冬,十月
　　삼 년　 추　 견 사 입 송　　　 조 공　　　 동 시 월
에 上佐平「餘信」卒하고 以「解須」로 爲,上佐平하
　　상 좌 평 여 신 졸　　 이 해 수　　 위 상 좌 평
다. 十一月에 地震하여 大風飛瓦하다. 十二月에
　　십 일 월　　 지 진　　 대 풍 비 와　　　 십 이 월
無氷하다.
무 빙

▷ 본문풀이 ◁

3년, 가을에 〈송〉나라에 사신을 보내서 조공을 하였다. 겨울
10월에, 상좌평 「여신」이 사망하자 「해수」를 상좌평으로 임명하

였다. 11월에, 지진이 발생하고 큰 바람이 불어서 기와가 날아갔다. 12월에도 물이 얼지 않았다.

○四年, 夏.四月에 〈宋〉의「文皇帝」는 以.王이
　　사 년　하 사 월　　송　　　문 황 제　　　이 왕
復修職貢하여 降使冊授.先王爵號하다.[『腆支王』十二
부 수 직 공　　　강 사 책 수 선 왕 작 호
年에 〈東晉〉이 冊命하여 爲, '使持節都督〈百濟〉諸軍事,鎭東將軍
〈百濟〉王' 이러라.]

▷ 본문풀이 ◁

4년, 여름 4월에 〈송〉나라「문황제」는 왕이 다시 조공한다 하여 사신을 보내 선대 임금의 작위를 주었다.【『전지왕』 12년, 〈동진〉에서 『전지왕』을 '사지절도독〈백제〉제군사진동장군〈백제〉왕' 으로 책봉했었다.】

○七年春夏에 不雨하다. 秋,七月에 遣使入〈新
　　칠 년 춘 하　　불 우　　　추 칠 월　　　견 사 입 신
羅〉하여 請和하다.
라　　　　청 화

▷ 본문풀이 ◁

7년, 봄과 여름에 비가 오지 않았다. 가을 7월에, 〈신라〉에 사신을 보내 화친을 요청하였다.

○八年, 春.二月에 遣使〈新羅〉하여 送.良馬二匹
하다. 秋.九月에 又送白鷹하다. 冬.十月에 〈新羅〉
報聘으로 以.良金明珠하다.

▷ 본문풀이 ◁

8년, 봄 2월에 〈신라〉에 사신을 보내어 좋은 말 두 필을 보냈
다. 가을 9월에, 다시 흰 매를 보냈다. 겨울 10월에, 〈신라〉에서
좋은 금과 구슬을 답례로 보내왔다.

○十四年, 夏.四月.戊午朔에 日有食之하다. 冬.
十月에 遣使入〈宋〉하여 朝貢하다.

▷ 본문풀이 ◁

14년, 여름 4월 초하루 무오일에 일식이 있었다. 겨울 10월, 〈송〉
나라에 사신을 보내 조공하였다.

○二十一年, 夏.五月에 宮南池中에 有火하니 焰
如車輪하고 終夜而滅하다. 秋.七月에 旱하여 穀.不
熟이라 民饑하여 流入〈新羅〉者.多하다.

▷본문풀이◁

21년, 여름 5월에 대궐 남쪽 연못에서 불길이 일어났으니 불꽃이 수레바퀴 같았고, 밤새도록 타다가 사라졌다. 가을 7월에, 가뭄이 들어 곡식이 익지 않았으므로 백성들이 굶주려 〈신라〉로 들어간 자가 많았다.

○二十八年, 星隕如雨하고 星孛于.西北하니 長.
이 십 팔 년　성운여우　　　성패우서북　　　장

二丈許러라. 秋八月에 蝗害穀하여 年饑하다.
이 장 허　　추 팔 월　황해곡　　　년 기

▷본문풀이◁

28년, 별이 비처럼 떨어지고 혜성이 서북쪽에 나타났는데 길이가 두 발 정도 되었다. 가을 8월, 메뚜기 떼가 발생하여 곡식에 해를 주어 흉년이 들었다.

○二十九年, 春.三月에 王이 獵于〈漢山〉하다.
이 십 구 년　춘 삼 월　왕이　엽우　한산

秋.九月에 黑龍이 見〈漢江〉하여 須臾雲霧하니 晦
추.구월　흑룡　현한강　　　수유운무　　　회

冥飛去하다. 王薨하다.
명 비 거　　　왕 흥

▷본문풀이◁

29년, 봄 3월에 왕이 〈한산〉에서 사냥을 나갔었다. 가을 9월에, 검은 용이 〈한강〉에 나타나서 잠시 구름과 안개가 끼어 어두

워지자 날아갔다. 왕이 서거하였다.

21 | 蓋鹵王(개로왕) : 455~475

○『蓋鹵王』[或云「近蓋婁」.]의 諱는 「慶司」니 『毗有
　　개 로 왕　　　　　　　　　　휘　　　경 사　　　비 유
王』之.長子니라.『毗有』는 在位二十九年에 薨하
왕 지 장 자　　　　비 유　　재 위 이 십 구 년　　홍
니 嗣하다.
　사

▷ 본문풀이 ◁

　『개로왕』[혹은 「근개루」라고도 한다.]의 이름은 「경사」이니 『비유
왕』의 맏아들이다. 『비유왕』이 재위 29년에 서거하니 왕위를 이
었다. *개로왕은 〈부여경〉으로 된 곳도 있다.

○十四年, 冬.十月.癸酉朔에 日有食之하다.
　십 사 년　동 시 월 계 유 삭　　일 유 식 지

▷ 본문풀이 ◁

　14년, 겨울 10월 초하루 계유일에 일식이 있었다.

○十五年, 秋八月에 遣將侵〈高句麗〉南鄙하다.
십오년 추팔월 견장침 고구려 남비

十月에 葺〈雙峴城:위치 미상〉하고 設大柵於〈青木
시월 즙 쌍현성 설대책어 청목

嶺〉하고 分〈北漢山城〉士卒하여 戍之하다.
령 분 북한산성 사졸 수지

▷ 본문풀이 ◁

15년, 가을 8월에 왕이 장수를 파견하여 〈고구려〉의 남쪽 변
경을 침공하였다. 겨울 10월에, 〈쌍현성〉을 수축하고, 〈청목령〉
에 큰 목책을 설치하고, 〈북한산성〉의 병졸들을 나누어 그곳을
수비하게 하였다.

○十八年, 遣使하여 朝〈魏:北魏〉하다.
십 팔 년 견사 조 위

▷ 본문풀이 ◁

18년, 사신을 보내어 〈위〉나라에 고공했다.

*[백제 蓋鹵王(개로왕)이 北魏 황제께 올린 上表文]

[1] 上表曰, "臣이 立國東極에 豺狼(고구려를 말함)
상표왈 신 입국동극 시랑

隔路하니 雖世承靈化(敎化)하나, 莫由奉藩하니 瞻
격로 수세승영화 막유봉번 첨

望雲闕하면 馳情罔極이라 凉風(북풍)微應이니다.
망운궐   치정망극   양풍   미응

伏惟.皇帝陛下는 協和天休(천명)하니 不勝.係仰之
복유 황제폐하   협화천휴   불승 계앙지

情하나이다. 謹遣.私署.'冠軍將軍駙馬.都尉弗斯
정   근견사서 관군장군부마 도위불사

侯長史'「餘禮」와 龍驤將軍「帶方」太守司馬「張
후장사 여례   용양장군 대방 태수사마 장

茂」等하여 投舫波阻하여 搜徑玄津하여 託命.自然
무 등   투방파조   수경현진   탁명 자연

之運하고 遣進.萬一之誠하니 冀神祇.垂感하시고
지운   견진 만일지성   기신기 수감

皇靈(황제의 신령)洪覆하여 克達天庭하여 宣暢臣志
황령   홍복   극달천정   선창신지

면 雖.旦聞夕沒이라도 永無餘恨하니다.''하다. 又云
   수 단문석몰   영무여한   우운

하되 "臣은 與〈高句麗〉로 源出〈扶餘〉하여 先世之
     신 여 고구려   원출 부여   선세지

時에는 篤崇舊款하더니 其祖「釗:고국원왕」가 輕廢鄰
시   독숭구관   기조 소   경폐인

好하고 親率士衆하여 凌踐臣境이어늘 臣祖「須:近仇
호   친솔사중   릉천신경   신조 수

首」가 整旅電邁하여 應機馳擊하니 矢石暫交에 梟
수   정려전매   응기치격   시석잠교   효

斬「釗:故國原王」首하니이다."하다.
참 소   수

▶어려운 낱말◀

[隔路(격로)] : 길을 막다. [奉藩(봉번)] : 제후로서 상국을 받들다. [瞻望雲闕
(첨망운궐)] : 멀리서 帝闕을 바라보다. [馳情罔極(치정망극)] : 달려가고 싶은
마음 끝이 없다. [凉風微應(양풍미응)] : 북풍의 싸늘한 바람으로 응함을 들을

수가 없음. [天休(천휴)] : 천명. [投舫波阻(투방파조)] : 험한 파도 위에 배를 띄워. [垂感(수감)] : 감동하다. [洪覆(홍복)] : 크게 보호하다. [天庭(천정)] : 황제의 거처. [旦聞夕沒(단문석몰)] : 아침에 듣고 저녁에 죽더라도. [篤崇舊款(독숭구관)] : 舊誼를 군게 존중함. [電邁(전매)] : 번개같이 달려가서. [應機馳擊(응기치격)] : 기회를 타서 공격하다. [梟斬(효참)] : 목을 베어 효수하다.

▷ **본문풀이** ◁

18년, 〈위〉나라에 사신을 보내 예빙하고 임금이 다음과 같은 글을 올렸다.

"제가 동쪽 끝에 나라를 세웠으나, 이리와 승냥이 같은 〈고구려〉가 길을 막고 있으니, 비록 대대로 중국의 교화를 받았으나 번신으로서의 도리를 다할 수 없었습니다. 멀리 황제의 궁궐을 바라보면서 달려가고 싶은 마음은 끝이 없으나, 북쪽의 서늘한 바람으로 말미암아 대답을 들을 수 없었습니다. 생각하건대, 폐하께서는 천명과 조화를 이루고 있으니 존경하는 심정을 이루 다 말할 수 없습니다. 삼가 본국의 '관군장군부마, 도위불사후장사' 「여례」와 용양장군 「대방」 태수사마 「장무」 등을 보내어 험한 파도에 배를 띄워 아득한 나루를 찾아, 목숨을 자연의 운명에 맡기면서 저의 정성의 만분의 일이라도 보내고자 하옵니다. 바라건대, 천지신명이 감동하고 역대 황제의 신령이 크게 보호하여, 이들이 폐하의 거처에 도달하여 저의 뜻을 전하게 할 수 있다면, 비록 아침에 듣고 저녁에 죽더라도 길이 여한이 없을 것입니다."라고 하였다. 다시 표문에서 또한 말하기를, "저와 〈고구려〉는 조상이 모두 〈부여〉 출신이므로 선조 시대에는 〈고구려〉가 옛 정을 굳건히 존중하였는데, 그의 조상 「소」가 경솔하게 우호 관계를 깨뜨리고 직접 군사를 거느려 우리 국경을 침범하여 왔습니다. 우리 조상 「수」가 군사를 정비하여 번개같이 달려가 기회를 타서 공격하니 잠시 싸우다가 「소」의 머리를 베어 효시하였습니다."라고 했다.

[2] 自爾已來로 莫敢南顧하더니 自「馮」氏數終
자 이 이 래   막 감 남 고   자 풍 씨 수 종

하여 餘燼奔竄로 醜類(:고구려)漸盛하여 遂見凌逼
여 신 분 찬   추 류   점 성   수 견 능 핍

으로 構怨連禍하여 三十餘載하니 財殫力竭하여
구 원 연 화   삼 십 여 재   재 탄 역 갈

轉自屛跼이라. "若天慈曲矜이 遠及無外면 速遣
전 자 잔 축   약 천 자 곡 긍   원 급 무 외   속 견

一將하여 來救臣國하소서. 當奉送鄙女하여 執□
일 장   내 구 신 국   당 봉 송 비 녀   집

後宮하고 幷遣子弟하여 牧圉外廐하며 尺壤匹夫
후 궁   병 견 자 제   목 어 외 구   척 양 필 부

라도 不敢自有니이다."하다. 又云하되 "今「璉:長壽
불 감 자 유   우 운   금 연

王」이 有罪하여 國自魚肉하고 大臣彊族이 戮殺無
유 죄   국 자 어 육   대 신 강 족   육 살 무

已하여 罪盈惡積하여 民庶崩離하니 是滅亡之期
이   죄 영 악 적   민 서 붕 리   시 멸 망 지 기

요 假手(힘을 빌림)之秋也니다. 且「馮:北燕」族士馬는
가 수   지 추 야   차 풍   족 사 마

有鳥畜之變하며 〈樂浪〉諸群은 懷首丘之心하니
유 조 축 지 변   낙 랑 제 군   회 수 구 지 심

天威一擧하면 有征無戰이며 臣雖不敏이나 志效畢
천 위 일 거   유 정 무 전   신 수 불 민   지 효 필

力은 當率所統하고 承風響應이리다. 且〈高句麗〉
력   당솔소통   승풍향응   차 고구려

不義하여 逆詐非一이요 外慕「隗囂」藩卑之辭하
불의   역사비일   외모 외효   번비지사

고 內懷凶禍豺突(시돌:猪突)之行하여 或南通「劉:
   내회흉화시돌   지행   혹남통 유

宋」氏와 或北約「蠕蠕」과 共相脣齒하여 謀凌王
씨   혹북약 연연   공상순치   모릉왕

略하나이다."
략

▶ 어려운 낱말 ◀

[自爾已來(자이이래)] : 이제부터. [餘燼(여신)] : 나머지 잔적들을 가리킴. [凌
逼(능핍)] : 능멸함과 핍박을 받음. [財殫力竭(재탄역갈)] : 재물이 다하고 힘이
다하여. [轉自屛蹴(전자잔축)] : 저절로 점차 쇠약해짐. [天慈曲矜(천자곡긍)] :
황제의 인자함과 간절한 궁휼. [牧圉外廐(목어외구)] : 말을 치는 외양간. [罪
盈惡積(죄영악적)] : 죄와 악이 가득 차있음. [民庶崩離(민서붕리)] : 백성들이
모두 흩어짐.

▷ 본문풀이 ◁

　이로부터 감히 남쪽을 돌아보지 못하더니 「풍」씨의 운수가 다
하여 그의 잔적들이 〈고구려〉로 도망해온 이후로 추악한 무리
(고구려)가 차츰 세력을 쌓아 그들은 결국 우리를 능멸하여 원한
을 맺고 화를 이어온 지 30여 년이 되었으니, 재정은 탕진되고 힘
은 고갈되어 나라가 점점 쇠약해졌음이라. "만일 폐하의 인자한
생각이 먼 곳까지 빠짐없이 미친다면 빨리 장수를 보내 우리나라
를 구해 주소서. 그렇게만 하신다면 저의 딸을 보내 후궁을 청소

하게 하고, 자식과 아우를 보내 외양간에서 말을 기르게 하겠으며, 한 치의 땅, 한 명의 백성이라도 감히 저의 소유로만 하지는 않겠나이다."고 했다. 표문에서는 또한 다음과 같이 말하였는데, "지금 「연」은 죄를 지어 나라가 스스로 고기처럼 잡아먹히게 되었고, 대신과 호족들의 살육 행위가 그치지 않아서 그들의 죄악은 넘쳐 쌓여서 서민들은 흩어져 떠나고 있으니, 이것이 그들의 멸망할 시기로서 지금이 폐하의 힘을 빌릴 때입니다. 또한 「풍」족의 군사와 군마는 집에서 키우는 새나 가축이 주인을 따르는 것 같은 심정을 가지고 있고, 〈낙랑〉의 여러 군은 고향으로 돌아가고픈 생각을 가지고 있으니, 황제의 위엄이 한번 움직여 토벌을 행한다면 원정은 있어도 전쟁할 필요는 없을 것이며, 저는 비록 명민하지는 않으나 힘을 다하여 우리 군사를 거느리고 위풍을 받들어 호응할 것입니다. 또한 〈고구려〉는 의롭지 못하여 반역하고 간계를 꾸미는 일이 많으니, 겉으로는 「외효」가 스스로 자신을 변방의 나라라고 낮추어 쓰던 말버릇을 본받으면서도, 안으로는 흉악한 화란과 행동을 꾸며서 남쪽으로는 「유」씨와 내통하기도 하고, 북쪽으로는 「연연」과 맹약을 맺어 서로 순치의 관계로 결탁함으로서 폐하를 능멸하고 배반하여 모략하고 있나이다." 했다.

[3] "昔에 〈唐堯〉는 至聖이나 致罰〈丹水〉하고
〈孟嘗〉稱仁이나 不捨塗詈하니다. 涓流之水도 宜
早壅塞이니 今若不取면 將貽後悔하나이다. 去庚

辰(:毗有王 14년, 長壽王 28년)年後에 臣西界〈小石山〉
진　　　　　　　　　　　　　　　　　년후　　신 서 계 소 석 산

北國海中에 見屍十餘하고 幷得,衣器鞍勒하여 視
북국해중　　견시십여　　　병득의기안륵　　　　　시

之하니 非〈高句麗〉之物이라. 後聞하니 乃是王人(:
지　　비 고구려 지물　　　후문　　　내 시 왕 인

황제의 사신)이 來降臣國에 長蛇(:고구려)隔路하여 以
내 항 신 국　　장 사　　　　격 로　　　이

沈于海니이다. 雖未委當이나 深懷憤恚하나이다.
침 우 해　　　수미위당　　　심 회 분 에

昔에 〈宋〉이 戮「申舟」하니 〈楚〉「莊」이 徒跣하고
석　　송　　육 신 주　　　　초　장　　　도 선

鷂撮放鳩하니 〈信陵〉이 不食이라 하니다. 克敵立
요 촬 방 구　　　신 릉　　　불 식　　　　　　극 적 입

名은 美隆無已니 夫以區區偏鄙도 猶慕,萬代之
명　　미 륭 무 이　　부 이 구 구 편 비　　유 모 만 대 지

信이어늘 況,陛下는 合氣天地하고 勢傾山海하니
신　　　황 폐 하　　합 기 천 지　　　세 경 산 해

豈令小堅(어린애)으로 跨塞天逵이니까? 今,上所得
기 령 소 견　　　　　과 색 천 규　　　　금 상 소 득

鞍은 一以實驗이니다."하다.
안　　일 이 실 험

▶어려운 낱말◀

[不捨塗詈(불사도리)] : 길가에서 꾸짖는 일을 외면하지 않음. [宜早壅塞(의조
옹색)] : 마땅히 일찍 막아야 함. [鞍勒(안륵)] : 말안장과 굴레. [未委當(미위
당)] : 자세한 내용은 알 수 없으나. [深懷憤恚(심회분에)] : 깊이 성남을 느끼
다. [恚] : 성낼(에). [徒跣(도선)] : 맨발. [鷂] : 익더귀(요), 새매(요). [鷂撮放
鳩(요촬방구)] : 새매가 놓아준 비둘기를 잡다. [跨塞天逵(과색천규)] : 황제의
길을 막다. [跨] : 타넘을(과). [逵] : 한길(규). [天逵(천규)] : 천자의 길.

"옛날 〈요〉임금은 지극한 성인이었으나 〈단수〉에서 전투를 하여 묘만을 벌주었으며, 〈맹상군〉은 어질다고 소문이 났었으나 길가에서 남을 꾸짖기를 버리지 않았습니다. 작게 흐르는 물도 일찍 막아야 하는 것이니, 지금 만약 〈고구려〉를 치지 않는다면, 장차 후회하게 될 것입니다. 지난 경진년 후에 우리나라 서쪽 경계의 〈소석산〉 북쪽 바다에서 10여 구의 시체를 보았고, 동시에 의복, 기물, 안장, 굴레 등을 얻어서 살펴보니 〈고구려〉의 것이 아니었습니다. 후에 들으니, 이는 바로 황제의 사신이 우리나라로 오다가 고구려가 길을 막았기에 바다에 빠진 것이라 합니다. 비록 자세히는 알 수 없으나 매우 분하게 생각하였습니다. 옛날 〈송〉나라가 「신주」를 죽이니 〈초〉「장왕」이 맨발로 다녔으며, 새매가 풀어준 비둘기를 잡아 요리를 하니 〈신릉군〉이 식사를 하지 않았습니다. 적을 이기고 이름을 세우는 것은 대단히 아름답고 훌륭한 일입니다. 작은 변방도 오히려 만대의 신의를 생각하는데, 하물며 폐하께서는 천지의 기를 모으고, 세력이 산과 바다를 기울일 수 있는데, 어찌 고구려와 같은 애숭이로 하여금 황제의 길을 막게 합니까? 이제, 북쪽 바다에서 얻었던 안장을 바쳐 증거로 삼고자 합니다." 하다.

○「顯祖:魏의 孝文帝」가 以其僻,遠冒險朝獻하니 禮
　　현조　　　　　　　　　이기벽원모험조헌　　　　예

遇尤厚하고 遣使者「邵安」하여 與其使俱還하다.
우우후　　　견사자소안　　　　여기사구환

▶ 어려운 낱말 ◀

[僻遠(벽원)] : 치우친 먼 곳.

▷ 본문풀이 ◁

〈위〉나라 「현조」가 백제의 사신이 멀리 떨어진 곳에서 위험을 무릅쓰고 조공을 바쳤다 하니, 더욱 후하게 예우하고, 사신 「소안」을 보내서 그들을 데리고 함께 돌아왔었다. 【이때 조칙을 내려 말했다.】

*[위나라 효문제가 백제왕에게 내린 조서]

詔曰,“得表聞之하고 無恙甚喜라. 卿이 在,東隅
조왈 득표문지 무양심희 경 재동우

하여 處,五服之外라도 不遠山海하고 歸誠〈魏〉闕
처 오복지외 불원산해 귀성위궐

하니 欣嘉至意를 用戢于懷로다. 朕이 承,萬世之
흔가지의 용집우회 짐 승만세지

業하여 君臨四海하고 統御群生하니 今,宇內淸一
업 군림사해 통어군생 금우내청일

하고 八表歸義하여 襁負而至者가 不可稱數라. 風
팔표귀의 강부이지자 불가칭수 풍

俗之和와 士馬之盛은 皆「餘禮」等이 親所聞見이
속지화 사마지성 개 여례등 친소문견

라. 卿은 與,〈高句麗〉로 不穆하여 屢致凌犯이나
경 여 고구려 불목 누치능범

苟能順義하고 守之以仁이면 亦何憂於,寇讎也리
구능순의 수지이인 역하우어구수야

오? 前所遣使는 浮海以撫,荒外之國(백제를 가리킴)
전소견사 부해이무 황외지국

하니 從來積年도록 往而不返하니 存亡達否가 未
종래적년 왕이불반 존망달부 미

能審悉이로다. 卿所送鞍은 比校舊乘이라 非,中國
능심실 경소송안 비교구승 비중국

之物이로다. 不可以,疑似之事를 以生,必然之過니
지물 불가이 의사지사 이생 필연지과

라 經略權要는 以具別旨니라." 하다. 又詔曰, "知
경략권요 이구별지 우조왈 지

하노라. 〈高句麗〉가 阻彊하여 侵軼卿上하여 修,先
고구려 조강 침질경상 수선

君(故國原王을 말함)之舊怨하여 棄,息民之大德이로
군 지구원 기식민지대덕

다. 兵交累載하니 難結荒邊하리라 使兼'申胥'之
병교누재 난결황변 사겸신서지

誠하고 國有〈楚〉·〈越〉之急이나 乃應,展義扶微
성 국유초 월지급 내응 전의부미

하여 乘機電擧로다. 但異〈高句麗〉는 稱藩先朝하
승기전거 단이 고구려 칭번선조

여 供職日久하고 於彼에 雖有,自昔之釁이나 於國
공직일구 어피 수유 자석지흔 어국

에 未有,犯令之愆이라. 卿의 使命이 始通하여 便
미유 범령지건 경 사명 시통 편

求致伐이나 尋討事會하니 理亦未周라. 故로 往年
구치벌 심토사회 이역미주 고 왕년

에 遣「禮」等至〈平壤〉하여 欲,驗其由狀이라 然이
견예등지 평양 욕 험기유상 연

나 〈高句麗〉奏請이 頻煩하고 辭理俱詣하니 行人(:
고구려 주청 빈번 사리구예 행인

사신을 말함)不能抑其請하고 司法無以成其責이라
불능억기청 사법무이성기책

故로 聽其所啓하여 詔「禮」等還하다. 若, 今復違旨
면 則, 過咎益露하여 後雖自陳이나 無所逃罪리니
然後에 興師討之면 於義爲得이리라. 九夷之國은
世居海外하여 道暢則奉藩하고 惠戢則保境이리
라. 故로 羈縻(:예속관계)著於前典하되 楛貢曠於歲
時라. 卿이 疆備, 陳疆弱之形으로 具列, 往代之迹
에 俗殊事異하며 擬睍乖衷이라. 洪規大略은 其致
猶在하고 今, 中夏平一하여 宇内無虞에 每欲陵威
東極에 懸旌域表하여 拯荒黎(외방의 백성들)於, 偏方
하고 舒, 皇風於遠服이 良由〈高句麗〉卽敍나 未及
卜征이라. 今若不從詔旨면 則, 卿之來謀가 載協
朕意라 元戎啓行이 將不云遠이니 便可豫率同興
이 具以待事이며 時遣報使하여 速究彼情하라. 師
擧之日에 卿은 爲, 鄕導之首요 大捷之後에는 又受,
元功之賞하리니 不亦善乎아? 所獻, 錦布海物은 雖
不悉達이나 明卿至心은 今賜雜物如別이라.” 하다.

[五服之外(오복지외)] : 지극히 먼 외지를 의미함. 五服은 중국 京師를 중심으로 5지역으로 나누는 외지를 말함. [八表(팔표)] : 팔방. [荒外之國(황외지국)] : 백제를 가리킴. [難結荒邊(난결황변)] : 먼 변경을 단속키 어려움. [電擧(전거)] : 갑자기 쳐서 부수다. [稱藩先朝(칭번선조)] : 선조 때부터 번국이라 일컬었다. [釁(흔)] : 틈. [司法(사법)] : 刑律을 맡은 官. [楛(고)] : 楛矢를 말하는데, 광대싸리로 만든 화살. 이것을 조공으로 바쳤다. [中夏(중하)] : 中華와 같음.

"글을 받고 아무 일 없이 지낸다는 말을 들으니 매우 기쁘다. 그대가 동쪽 한쪽, 5복의 밖에 있으면서 먼 곳을 멀다 여기지 않고 〈위〉나라 조정에 정성을 바치니, 그 지극한 뜻을 아름답게 여겨 가슴속에 기억해 둘 것이다. 내가 만대에 누릴 위업을 계승하여 사해에 군림하면서 모든 백성들을 다스리니, 이제 나라는 깨끗이 통일되고 8방에서 귀순하기 위하여 어린아이를 업고 이 땅에 이르는 자들이 헤아릴 수 없이 많다. 평화로운 풍속과 성대한 군사는 「여례」 등이 직접 듣고 보았다. 그대는 〈고구려〉와 불화하여 여러 번 침범을 당하였지만 만일 정의를 따르고 어진 마음으로 방어할 수 있다면 원수에 대하여 무엇을 걱정하겠는가? 이전에 사신을 파견하여 바다를 건너 국경 밖의 먼 나라를 위무하게 하였으나, 그 후 여러 해가 되도록 돌아오지 않으니 그가 살았는지 죽었는지, 또는 그곳에 도착했는지 도착하지 못했는지를 알 수가 없구나. 그대가 보낸 안장을 예전 것과 비교하여 보니 중국의 산물이 아니었다. 의심되는 일을 사실로 단정하는 과오를 범할 수는 없는 일이니, 〈고구려〉를 침공할 계획은 별지에 상세히 밝힐 것이다.” 했다. 이 조서에서 이어 다음과 같이 말했다. “이제 다음과 같은 사실을 알게 되었도다. 즉, 〈고구려〉는 국토의 지세가 험하다는 사실을 믿고 그대의 국토를 침범하였으니, 이는 자기 선대 임금의 오랜 원한을 갚으려고 백성들을 편안케 하는 큰 덕을 버린 것이다. 전쟁이 여러 해에 걸쳐 이어지니 변경을 단속하기 어려울 것이다. 그리하여 사신은 ‘신서’의 정성을 겸하게 되고 나라는 〈초, 월〉과 같이 위급하게 되었구나. 이제 마땅히 정의를 펴고 약자를 구하기 위하여 기회를 보아 번개처럼 공격해야 할 것이다. 그러나 〈고구려〉는 선대로부터 번방의 신하로 자처하며 오랫동안 조공을 바쳐왔다. 그들 스스로는 비록 이전부터 잘못이 있었으나, 나에게는 명령을 위반한 죄를 지은 일이 없다. 그대가 처음으로 사신을 보내와 그들을 곧 토벌하기를 요청하였으나, 사리를 검토해보아도 토벌의 이유가 또한 충분하지 않았다. 그러므로 지난해에 「예」 등을 〈평양〉에 보내 〈고구려〉의 상황을 조사하려고 하였다. 그러나 고구려가 여러 번 주청하고 그 말이 사리에 모두 맞으니 우리 사신은 그들의 요청을 막을 수 없었고, 법관은 그들에게 죄명을 줄만하지 못했던 바, 그들이 말하는 바를 들어 주고 「예」 등을 돌아오게 하였다. 만약 〈고구려〉가 이제 다시 명령을 어긴다면, 그들의 과오가 더욱 드러날 것이므로 뒷날 아무리 변명을 하더라도 죄를 피할 길이 없을 것이니, 그렇게 된 연후에는 군사를 일으켜 그들을 토벌하더라도 이치에 합

당할 것이다. 모든 오랑캐 나라들은 대대로 바다 밖에 살면서, 왕
도가 창성하면 번방 신하로서의 예절을 다하고, 은혜가 중단되면
자기의 영토를 지켜 왔다. 따라서 중국과 예속 관계를 유지하는
것은 예전의 법전에도 기록되어 있으며, 호시를 바치는 일은 세
시에 그쳤다. 그대가 강약에 대한 형세를 말하였으며 지난 시대
의 사실들을 모두 열거하였지만, 풍속이 다르고 사정이 변하여
무엇을 주려 하여도 나의 생각과 맞지 않는다. 우리의 너그러운
규범과 관대한 정책은 아직 그대로 남아 있다. 이제 중국은 통일
평정되어 나라 안에 근심이 없다. 이에 따라 매번 동쪽 끝까지 위
엄을 떨치고 국경 밖에 깃발을 휘날려 먼 나라의 굶주리는 백성
을 구원하며, 먼 지방까지 황제의 위풍을 보이고 싶었다. 그러나
사실은 〈고구려〉가 그때마다 진정을 토로하였기 때문에 미처 토
벌을 도모하지 못했던 것이다. 지금 그들이 나의 조칙에 순종하
지 않는다면, 그대의 계책이 나의 뜻과 맞으니 큰 군사가 토벌의
길을 떠나는 것도 장차 멀다고는 할 수 없다. 그대는 미리 군사를
정돈하여 함께 군사를 일으킬 수 있도록 준비할 것이며, 때에 맞
추어 사신을 보내 그들의 실정을 즉시 알 수 있도록 해야 할 것이
다. 우리 군사가 출동하는 날, 그대가 향도의 선두가 된다면 승리
한 후에는 역시 가장 큰 공로로 상을 받게 될 것이니, 이 또한 좋
은 일이 아니겠는가? 그대가 바친 포백과 해산물은 비록 모두 도
착하지는 않았으나 그대의 지극한 성의는 잘 알겠다. 이제 별지
와 같이 내가 여러 가지 물품을 보내노라." 하였다.

○又詔「璉:장수왕」하여 護送「安:魏使의 이름」等하
우 조 연 　호 송 안 　 등
다.「安」等이 至〈高句麗〉하니 「璉」이 稱하되 昔에
안 등 지 고구려 연 칭 석
與〈餘慶:백제 蓋鹵王〉으로 有讎라 하고 不令東過하여
여 여경 유 수 불 령 동 과
「安」等이 於是에 皆還이라 乃,下詔切責之하다. 後
안 등 어시 개환 내 하조절책지 후
使「安」等으로 從〈東萊:登州〉浮海하여 賜「餘慶:개로
사 안 등 종 동래 부해 사 여경
왕」璽書하여 褒其誠節하다.「安」等이 至,海濱하여
새 서 포 기 성 절 안 등 지 해빈
遇風飄蕩하다가 竟不達而還하다. 王(개로왕)以〈麗〉
우풍표탕 경부달이환 왕 이 여
人이 屢犯邊鄙로 上表乞師於〈魏〉하나 不從하다.
인 누 범 변 비 상 표 걸 사 어 위 부 종
王이 怨之하여 遂絶朝貢하다.
왕 원 지 수 절 조 공

▶ 어려운 낱말 ◀

[遇風飄蕩(우풍표탕)] : 바람을 만나 浮動하다. [邊鄙(변비)] : 변방 국경지대.
[乞師(걸사)] : 군대를 요청함.

▷ 본문풀이 ◁

　　또한 〈고구려〉왕 「연」에게 조서를 보내 「소안」 등을 〈백제〉로
보호하여 보내도록 하였다. 「소안」 등이 〈고구려〉에 이르자 「연」
이 예전에 여경과 원수를 진 일이 있다 하여, 그들을 동쪽으로 통
과하지 못하게 하므로 「소안」 등이 모두 돌아가니, 〈위〉나라에서
는, 곧 〈고구려〉왕에게 조서를 내려 엄하게 꾸짖었다. 그 후에

「소안」 등으로 하여금 〈동래〉에서 출발하여 바다를 건너가 「여경」에게 조서를 주어 그의 정성과 절조를 표창하게 하였다. 그러나 「소안」 등이 바닷가에 이르자 바람을 만나 표류하다가 끝내 〈백제〉에 도달하지 못하고 돌아갔다. 왕은 〈고구려〉가 자주 변경을 침범한다 하여 위나라에 표문을 올려 군사를 애걸했으나 〈위〉나라에서는 듣지 않았다. 그래서 왕이 이를 원망하여 드디어 조공을 끊어버렸다.

○二十一年, 秋.九月에 〈麗〉王「巨璉:長壽王」이
이십일년 추 구월 여 왕 거련

帥兵三萬하고 來圍王都〈漢城:南漢山城과 그 北側의 春
솔병삼만 내위왕도 한성

宮里〉하다. 王은 閉.城門不能出戰하다. 〈麗〉人이
왕 폐성문불능출전 여 인

分兵爲.四道하여 夾攻하고 又.乘風縱火하여 焚燒
분병위사도 협공 우승풍종화 분소

城門하니 人心危懼하여 或.有欲出降者하다. 王은
성문 인심위구 혹유욕출항자 왕

窘不知.所圖하여 領數十騎하고 出門西走하니
군부지소도 영수십기 출문서주

〈麗〉人이 追而害之하다. 先是에 〈高句麗〉『長壽
여 인 추이해지 선시 고구려 장수

王』이 陰謀〈百濟〉하여 求可以.間諜於彼者하다.
왕 음모백제 구가이간첩어피자

時에 浮屠「道琳」이 應募曰, "愚僧이 旣.不能知
시 부도 도림 응모왈 우승 기불능지

道로 思有以報.國恩하나이다. 願.大王은 不.以臣
도 사유이보국은 원대왕 불이신

不肖라 하시고 指使之면 期不辱命하리이다." 하니

王悅하여 密使誘〈百濟〉하다. 於是에 「道琳」은 佯

逃罪하여 奔入〈百濟〉하다 時에 〈百濟〉王「近蓋

婁:蓋鹵」가 好博奕하여 「道琳」이 詣王門하여 告

曰, "臣少而學碁하여 頗入妙러니 願有聞於左右

니다." 하다. 王이 召入對碁하니 果國手也라. 遂

尊之하여 爲上客하고 甚親昵之하고 恨相見之晩

하다. 「道琳」은 一日侍坐하여 從容曰, "臣은 異國

人也나 上이 不我疏外하시고 恩私甚渥인데 而惟

一技之是效요, 未嘗有分毫之益이니다. 今願獻

一言이온대 不知上意如何耳니다." 하니 王曰, "第

言之하라. 若有利於國이면 此所望於師也니라."

하다. 「道琳」曰, "大王之國은 四方皆山丘河海이

니 是는 天設之險이요, 非人爲之形也니다. 是以로

四鄰之國이 莫敢有覦心하고 但願奉事之不暇니

이다. 則王은 當以崇高之勢로 富有之業으로 竦

人之視聽이온대 而, 城郭不葺하고 宮室不修하고
인 지 시 청　　　　　이 성 곽 부 즙　　　　궁 실 불 수

先王之骸骨은 權攢於露地하고 百姓之, 屋廬는 屢
선 왕 지 해 골　　권 찬 어 로 지　　　백 성 지 옥 려　　누

壞於, 河流하니 臣은 竊爲, 大王不取也니이다." 하니
괴 어 하 류　　　신　　절 위 대 왕 불 취 야

王曰, "諾다! 吾將爲之하리라." 하고 於是에 盡發
왕 왈　　낙　　오 장 위 지　　　　　　　어 시　　진 발

國人하여 烝土築城하고 卽於其內에 作, 宮樓閣臺
국 인　　　증 토 축 성　　　즉 어 기 내　　작 궁 루 각 대

榭하여 無不壯麗하다. 又取大石於〈郁里河〉하여
사　　　　무 불 장 려　　　　우 취 대 석 어 욱 리 하

作槨以葬父骨하고 緣河樹堰하되 自 〈蛇城〉之東
작 곽 이 장 부 골　　연 하 수 언　　　자　　사 성 지 동

으로 至〈崇山〉之北하다. 是以로 倉庾虛竭하고 人
　　　지 숭 산 지 북　　　시 이　　창 유 허 갈　　　인

民窮困하여 邦之隉杌이 甚於累卵하다. 於是에「道
민 궁 곤　　　방 지 얼 올　　심 어 누 란　　　어 시　　도

琳」이 逃還以告之하니『長壽王』이 喜하여 將伐之
림　　도 환 이 고 지　　　장 수 왕　　회　　　장 벌 지

하니 乃授兵於帥臣하다.「近蓋婁」聞之하고 謂子
　　　내 수 병 어 솔 신　　　근 개 루 문 지　　　위 자

「文周」曰, "予愚而不明하여 信用, 姦人之言하고
문 주 왈　　여 우 이 불 명　　　신 용 간 인 지 언

以至於此라 하다. 民殘而兵弱하니 雖有危事나 誰
이 지 어 차　　　민 잔 이 병 약　　　수 유 위 사　　수

肯, 爲我力戰이리오? 吾當, 死於社稷이나 汝在此俱
긍 위 아 력 전　　　오 당 사 어 사 직　　　여 재 차 구

死는 無益也라. 蓋, 避難以, 續國系焉하라." 하다.
사　　무 익 야　　　개 피 난 이 속 국 계 언

「文周」는 乃與「木劦滿致」와「祖彌桀取」「木劦」·
문 주　　　내 여 목 협 만 치　　　조 미 걸 취

「祖彌」, 皆複姓, 『隋書』 以「木劦」爲二姓, 未知孰是.]로 南行焉(남행언)하다. 至是(지시)에 〈高句麗(고구려)〉의 對盧(官名)(대로)인 「齊于(제우)」와 「再曾桀婁(재증걸루)」와 「古尒萬年(고이만년)」[「再曾」·「古尒」, 皆複姓.] 等(등)이 帥兵(솔병)하고 來攻北城(내공북성)하여 七日而拔之(칠일이발지)하고 移攻(이공) 南城(南漢山城)(남성)하니 城中危恐(성중위공)하여 王(왕)이 出逃(출도)하다. 〈麗(여)〉將「桀婁(걸루)」等(등)이 見王(견왕)하고 下馬拜已(하마배이)하여 向王(향왕) 面三唾之(면삼타지)하고 乃數其罪(내수기죄)하며 縛送於〈阿且城(박송어 아차성):서울 廣壯里 峨嵯山城〉下戕之(하장지)하다. 「桀婁(걸루)」「萬年(만년)」은 本國(본국) 人(百濟人)(인)也(야)라 獲罪逃竄〈高句麗(획죄도찬 고구려)〉하다.

▷ 본문풀이 ◁

21년, 가을 9월에 〈고구려〉왕 「거련」이 군사 3만 명을 거느리고 와서 수도 〈한성〉을 포위했다. 왕이 싸울 수가 없어 성문을 닫고 있었다. 〈고구려〉 사람들이 군사를 네 방면으로 나누어 협공하고, 또한 바람을 이용해서 불을 질러 성문을 태웠다. 백성들 중에는 두려워하여 성 밖으로 나가 항복하려는 자들도 있었다. 상황이 어렵게 되자 왕은 어찌할 바를 모르고, 기병 수십 명을 거느리고 성문을 나가 서쪽으로 도주하려 하였으나 〈고구려〉 군사가 추격하여 왕을 죽였다. 이에 앞서 〈고구려〉『장수왕』이 〈백제〉를 치기 위하여, 백제에 가서 첩자 노릇을 할만한 자를 구하였다. 이때, 중「도림」이 이에 응하여 말하기를, "소승이 원래 도는 알지 못하지만 나라의 은혜에 보답코자 합니다. 원컨대 대왕께서는 저를 어리석은 자로 여기지 마시고 일을 시켜 주신다면 왕명을 욕되게 하지 않을 것을 기약합니다." 했다. 왕이 기뻐하여 비밀리에 그를 보내 〈백제〉를 속이도록 하였다. 이에 「도림」은 거짓으로 죄를 지어 도망 온 체하고 〈백제〉로 왔다. 당시의 〈백제〉왕 「근개루」는 장기와 바둑을 좋아하였다. 「도림」이 대궐 문에 이르러 "제가 어려서부터 바둑을 배워 상당한 묘수의 경지를 알고 있으니, 왕께 들려 드리고자 합니다."라고 하였다. 왕이 그를 불러서 대국을 하여 보니 과연 국수였다. 왕은 마침내 그를 상객으로 대우하고 매우 친하게 여겨 서로 늦게 만난 것을 한탄도 하였다. 「도림」이 하루는 왕을 모시고 앉아서 말하기를, "저는 다른 나라 사람인데, 왕께서 저를 멀리 여기시지 않고 많은 은혜를 베풀어 주셨으나, 다만 한 가지 재주로 보답했을 뿐이오, 아직 털끝만한 이익도 드린 적이 없습니다. 이제 한 말씀 올리려 하오나 왕의 뜻이 어떠한지 알 수 없습니다." 하니, 왕이 말하기를, "말해 보라.

만일 나라에 이롭다면 이는 선생에게서 바라는 것이로다."고 했다. 「도림」이 다시 말하기를, "대왕의 나라는 사방이 모두 산, 언덕, 강, 바다이니, 이는 하늘이 만든 요새이지 사람의 힘으로 된 지형이 아닙니다. 그러므로 사방의 이웃나라들이 감히 엿볼 마음을 갖지 못하고 다만 받들어 섬기기를 원하고 있습니다. 그러므로 왕께서는 마땅히 숭고한 기세와 부유한 치적으로 남들을 놀라게 해야 할 것인데, 성곽은 수축되지 않았고 궁실은 수리되지 않았습니다. 또한 선왕의 해골은 들판에 가매장되어 있으며, 백성의 가옥은 자주 강물에 허물어지니, 이는 대왕이 취할 바가 아니라고 저는 생각합니다." 했다. 왕이 말하기를, "좋다! 내가 그리하겠다."라고 했다. 이에 왕은 백성들을 모조리 징발하여 흙을 구어서 성을 쌓고, 그 안에는 궁실, 누각, 사대를 지으니 웅장하고 화려하지 않은 것이 없었다. 또한 〈욱리하〉에서 큰 돌을 캐다가 관을 만들어 아버지의 해골을 장사하고, 〈사성〉 동쪽으로부터 〈숭산〉 북쪽까지 강을 따라 둑을 쌓았다. 이로 말미암아 창고가 텅 비고 백성들이 곤궁하여져서 나라는 누란의 위기를 맞게 되었다. 이에 「도림」이 도망해 돌아와서 왕에게 이 사실을 보고하였다. 『장수왕』이 기뻐하며 백제를 치기 위하여 장수들에게 군사를 나누어 주었다. 「근개루」가 이 말을 듣고 아들 「문주」에게 말하기를, "내가 어리석고 총명하지 못하여 간사한 사람의 말을 믿다가 이렇게 되었다. 백성들은 쇠잔하고 군대는 약하니, 비록 위급한 일을 당하여도 누가 기꺼이 나를 위하여 힘써 싸우려 하겠는가? 나는 당연히 나라를 위하여 죽어야 하지만, 네가 여기에서 함께 죽는 것은 유익할 것이 없으니, 난리를 피하여 있다가 나라의 왕통을 잇도록 하라." 「문주」가 곧 「목협만치」와 「조미걸취」【목협, 조미는 모두 복성인데, 「수서」에서는 목협을 두 개의 성으로 보았으니 어느 것이 옳은지 알 수 없다.】를 데리고 남쪽으로 떠났다. 이때 〈고구려〉의 대로인 「제우」와, 「재증걸루」, 「고이만년」【재증, 고이는 모두 복성이다.】 등이 군사를 거느리고 와서 북쪽 성을 공격한지 7일 만에 함락시키고, 남쪽 성으로 옮겨 공격하자 성 안이 위험에 빠지고 왕은 도망하여 나갔다. 〈고구려〉 장수 「걸루」 등이 왕을 보고 말에서 내려 절을 하고, 왕의 낯을 향하여 세 번 침을 뱉고서 죄목을 따진 다음 〈아차성〉 밑으로 묶어 보내 죽이게 하였다. 「걸루」와 「만년」은 원래 백제 사람으로서 죄를 짓고 〈고구려〉로 도망했었다.

○論曰, 〈楚〉『明王：昭王』之亡也에 鄖公「辛」之弟
　　논왈　초　명왕　　　　지망야　　운공　신　지제

「懷」가 將弑王曰, 『平王：楚 昭王의 父』이 殺吾父어늘
　회　　장시왕왈　　평왕　　　　　　　살오부

我殺其子가 不亦可乎아?" 하니 「辛」曰, "君이 討臣
아살기자　불역가호　　　　　신왈　　군　토신

을 誰敢讎之리오? 君命은 天也요 若死天命이면 將
　수감수지　　군명　천야　약사천명　　장

誰讎리오?" 하다. 「桀婁」等은 自.以罪로 不見容於
수수　　　　걸루등　　자이죄　불견용어

國하고 而導敵兵하여 縛.前君而害之하니 其.不義
국　　　이도적병　　　박전군이해지　　　기불의

也, 甚矣로다. 曰, "然則「伍子胥」之入「郢」하여 鞭
야　심의　　왈　연즉　오자서　지입　영　　　편

尸는 何也오?" 曰, "「楊子」의 『法言：楊雄의 著書』에
시　하야　　왈　　양자　　법언

148 | 삼국사기(三國史記) 2권

評此以爲, 不由德하다. 所謂德者는 仁與義, 而已이
_{평차이위 불유덕　　　소위덕자　　인여의이이}

니 則「子胥」之狼은 不如「郢公」之仁이라. 以此論
_{즉 자서 지낭은 불여영공 지인　　　이차론}

之하면「桀婁」等之가 爲, 不義也는 明矣니라."
_{지　　걸루 등지 위불의야　　명의}

〖 저자의 견해 〗

　〈초〉나라『명왕』이 〈운〉 땅으로 도망갔을 때, 운공인 「신」의
아우 「회」가 『명왕』을 죽이려 하면서 말하기를, "『평왕』이 나의
아버지를 죽였으니, 내가 그 아들을 죽이는 것이 또한 옳지 않은
가?" 「신」이 말하기를, "임금이 신하를 치는 것을 누가 감히 원수
로 생각하겠는가? 임금의 명령은 하늘같은 것이니, 하늘의 명령
으로 죽었다면 장차 누구를 원수라 하겠는가?" 했다. 「걸루」 등
은 자신의 죄 때문에 나라에서 용납되지 않았는데, 도리어 적병
을 인도하여 이전의 자기 임금을 묶어 죽였으니, 의롭지 못한 정
도가 심하다. 어떤 사람은 "그렇다면 「오자서」가 〈초〉나라 서울
「영」에 들어가, 『평왕』의 시체에 매질을 한 것은 무엇이라고 할
것인가?"라고 말할 것이다. "「양자」[법언]에는 이를 평하여 덕에
기반을 둔 행동이 아니다."라고 말하였다. 이른바 덕이란 '인'과
'의'가 있을 뿐이니, 「오자서」의 잔인함이 「영공」의 어진 행위만
못하다. 이렇게 평한다면 「걸루」 등이 의롭지 못하다는 것이 명
백히 드러난다.

22 | 文周王(문주왕) : 475~477

○『文周王』[或作 '汶州'.]은 『蓋鹵王』之 子也니라.
　　문　주　왕　　　　　　　　　　　개　로　왕　지　자　야

初에 『毗有王』薨하니 『蓋鹵』嗣位하고 「文周」輔
초　　비　유　왕　홍　　　개　로　사　위　　　문　주　보

之하여 位至 上坐平하다. 『蓋鹵』在位二十一年에
지　　　위지 상좌평　　　　개　로　재위이십일년

〈高句麗〉來侵하여 圍〈漢城〉하니 『蓋鹵』가 城自
고구려　내침　　　위 한성　　　　개　로　　　성자

固하여 使「文周」로 求救於〈新羅〉하여 得兵一萬
고　　　사 문주　　구구어 신라　　　　득병일만

廻하다. 〈麗〉兵 雖退나 城破王死로 遂 卽位하다.
회　　　여 병 수퇴　성파왕사　　수 즉위

性柔不斷이나 而亦愛民에 百姓愛之하다. 冬 十月
성유부단　　　이역애민　　백성애지　　　동 시월

에 移都於〈熊津:公州〉하다.
　　이 도 어　웅 진

▶ 어려운 낱말 ◀

[輔之(보지)] : 임금을 도우는 직책, 여기서는 상좌평을 말함. [城自固(성자고)]
: 籠城하여 굳게 지키다. [性柔不斷(성유부단)] : 성질이 우유부단하다.

▷ 본문풀이 ◁

『문주왕』【'文周'를 '汶州'로도 쓴다.】은 『개로왕』의 아들이다. 처음
에 『비유왕』이 죽고 『개로』가 왕위를 이었을 때 「문주」가 그를 보

좌하여 직위가 상좌평에 이르렀다. 『개로』 재위 21년에 〈고구려〉가 침입하여 〈한성〉을 포위하였다. 『개로』가 성을 막고 굳게 지키면서 「문주」를 〈신라〉에 보내 구원을 요청하였다. 그는 구원병 1만 명을 얻어 돌아왔다. 〈고구려〉 군사는 비록 물러났으나 성이 파괴되고 왕이 죽어서 「문주」가 마침내 왕위에 올랐다. 그의 성격은 우유부단하였으나, 또한 백성을 사랑하였으므로 백성들도 그를 사랑하였다. 겨울 10월, 〈웅진〉으로 도읍지를 옮겼다.

○二年, 春, 二月에 修葺〈大豆山城:위치 미상〉하고 移〈漢:한강〉北, 民戶하다. 三月에 遣使朝〈宋〉하니 〈高句麗〉塞路하여 不達而還하다. 夏, 四月에 〈耽羅〉國이 獻, 方物하니 王喜하여 拜, 使者하여 爲, 恩率(제3位)하다. 秋, 八月에 拜「解仇」하여 爲, 兵官佐平하다.

▷ 본문풀이 ◁

2년, 봄 2월에 〈대두산성〉을 수리하고 이곳에 〈한강〉 이북의 민가를 옮겨왔다. 3월에, 〈송〉나라에 사신을 보내 조회하려 하였으나 〈고구려〉가 길을 막아서 되돌아왔다. 여름 4월에, 〈탐라〉국에서 방물을 바쳐오자 왕이 기뻐하여 그 사신을 은솔 벼슬에 임명하였다. 가을 8월에,「해구」를 병관좌평으로 삼았다.

○三年, 春, 二月에 重修宮室하다. 夏, 四月에 拜,
王弟「昆支」하여 爲, 内臣佐平하고 封, 長子「三斤」하
여 爲, 太子하다. 五月에 黑龍이 見〈熊津〉하다. 秋, 七
月에 内臣佐平「昆支」가 卒하다.

▷ **본문풀이** ◁

3년, 봄 2월에 궁궐을 중수하였다. 여름 4월에, 왕의 아우「곤
지」를 내신좌평으로 임명하고, 장자「삼근」을 봉하여 태자로 삼
았다. 5월에, 흑룡이〈웅진〉에 나타났다. 가을 7월에, 내신좌평
「곤지」가 사망하였다.

○四年, 秋, 八月에 兵官佐平「解仇」가 擅權亂
法하여 有, 無君之心이나 王이 不能制하다. 九月에
王이 出獵하여 宿於外에「解仇」가 使, 盗害之하여
遂薨하다.

▶ **어려운 낱말** ◀

[擅權亂法(천권난법)] : 권력을 마음대로 휘두르고 법을 어지럽히다. [不能制

(불능제)] : 제어하지 못함.

▷ **본문풀이** ◁

4년, 가을 8월에 병관좌평「해구」가 마음대로 권력을 행사하여서 법의 질서를 문란하게 했으나 임금이 능히 제어하지 못했다. 9월에, 왕이 사냥하기 위하여 나갔다가 외부에서 묵었는데,「해구」가 도적으로 하여금 그를 죽이게 하여, 왕이 마침내 서거하였다.

23 │ 三斤王(삼근왕) : 477~479

○『三斤王』[或云「壬乞」.]은『文周王』之, 長子니라.
王薨하여 繼位하니 年이 十三歲라. 軍國政事를 一切, 委於佐平「解仇」하다.

▷ **본문풀이** ◁

『삼근왕』【혹은「임걸」이라고도 한다.】은『문주왕』의 맏아들이다. 왕이 사망하자 왕위를 이었으니, 그때 나이 13세였다. 군무와 나라의 정사 일체의 권한을 모두 좌평「해구」에게 맡겼다.

○二年, 春에 佐平「解仇」가 與,恩率「燕信」으로
이 년 춘 좌 평 해 구 여 은 솔 연 신
聚衆하여 據〈大豆城:위치 미상〉하여 叛하다. 王이
취 중 거 대 두 성 반 왕
命,佐平「眞男」하여 以兵二千으로 討之나 不克하
명 좌 평 진 남 이 병 이 천 토 지 불 극
다. 更命,德率「眞老」하여 帥,精兵五百으로 擊殺
갱 명 덕 솔 진 로 솔 정 병 오 백 격 살
「解仇」하다. 「燕信」이 奔〈高句麗〉하니 收其妻子
해 구 연 신 분 고 구 려 수 기 처 자
하여 斬於〈熊津〉市하다.
참 어 웅 진 시

▶ 어려운 낱말 ◀

[聚衆(취중)] : 무리들을 모으다.

▷ 본문풀이 ◁

2년, 봄에 좌평 「해구」가 은솔 「연신」과 함께 무리를 모아 〈대
두성〉에 웅거하여 반란을 일으켰다. 왕이 좌평 「진남」에게 명령
하여 군사 2천 명으로 토벌하게 하였으나 이기지 못했다. 다시 덕
솔 「진로」에게 명하여 정예 군사 5백 명을 거느리고 「해구」를 공
격하여 죽이게 했다. 「연신」이 〈고구려〉로 달아나자, 그의 처자
들을 붙잡아서 〈웅진〉 저자에서 목을 베어 죽였다.

○論曰, 『春秋』之法에 君弑而賊하고 不討하면
논 왈 춘 추 지 법 군 시 이 적 불 토
則,深責之하되 以爲無,臣子也라 하다. 「解仇」가
즉 심 책 지 이 위 무 신 자 야 해 구

賊害「文周」하고도 其子「三斤」이 繼位하여 非徒,
不能誅之어니와 又,委之以國政하고 至於據,一城
以叛하고 然後에야 再興,大兵以克之하다. 所謂,履
霜不戒면 馴致堅氷하며 熒熒不滅이면 至于炎炎
이니 其所由來가 漸矣니라.〈唐〉의『憲宗』之弑나
三世後에야 僅能,殺其賊이어늘 況,海隅之荒僻에
「三斤」之童蒙이야 又,烏足道哉리오!

▶ 어려운 낱말 ◀

[履霜不戒(이상불계)]：서리를 밟으면서 위험을 경계하지 않음. [馴致堅氷(순
치견빙)]：점차 변하여 굳은 얼음이 되어 위태로움. 즉 작은 위험에서 큰 위
험으로 변함. [荒僻(황벽)]：황폐한 벽촌. [烏足(오족)]：어찌 족히(~하랴).
[道哉(도재)]：이르리오.

〖 저자의 견해 〗

[춘추]의 법에서는 임금을 죽였는데도 그 역적의 죄를 다스리지
않으면 이를 엄하게 규탄하였으니, 이것은 신하다운 신하가 없는
것이라고 하였다. 「해구」가 『문주왕』을 시해하였는데, 그의 아들
「삼근」이 왕위를 계승하고도 그를 죽일 수 없었을 뿐만 아니라 도
리어 정사를 그에게 맡겼다가 그가 하나의 성을 거점으로 반란을
일으키게 된 후에야 두 번이나 대병을 출동시켜야 그를 제압하였

다. 이는 소위 서리를 밟으면서도 경계하지 않다가 얼음이 얼 때까지 이르는 격이며, 조그만 불씨를 끄지 않았다가 큰 불을 일으키는 격이니, 이러한 일이 일어나는 연유가 점차로 그렇게 변해가는 것이다. 〈당〉나라 『헌종』이 살해되었을 때도 3대 후에야 겨우 그 역적을 죽였으니, 황차 바다 모퉁이에 있는 외진 땅의 「삼근」과 같은 어린아이에 있어서야 어찌 족히 더 말할 수 있으리오.

○三月己酉,朔에 日有食之하다.
　　삼 월 기 유 삭　　　일 유 식 지

▷ **본문풀이** ◁

3월, 초하루 기유일에 일식이 있었다.

○三年, 春夏大旱하다. 秋,九月에 移〈大豆城〉
　　삼 년　춘 하 대 한　　　추 구 월　　이 대 두 성
於〈斗谷〉하다. 冬,十一月에 王薨하다.
　어 두 곡　　　동 십 일 월　　왕 홍

▷ **본문풀이** ◁

3년, 봄과 여름에 큰 가뭄이 들었다. 가을 9월에, 〈대두성〉을 〈두곡〉으로 옮겼다. 겨울 11월에, 왕이 서거하였다.

24 東城王(동성왕) : 479~501

○『東城王』의 諱는「牟大」[或作「摩牟」,「摩帝」라.]니
『文周王』의 弟「昆支」之子나라. 膽力過人하고 善
射하여 百發百中이라.『三斤王』薨하니 卽位하다.

▷ 본문풀이 ◁

　『동성왕』의 이름은 「모대」【혹은 「마모」라고도 한다.】이니, 『문주
왕』의 아우 「곤지」의 아들이다. 담력이 남보다 뛰어났으며 활을
잘 쏘아 백발백중하였다. 『삼근왕』이 서거하자 왕위에 올랐다.

○四年, 春正月에 拜「眞老」하여 爲兵官佐平하
고 兼知內外兵馬事하다. 秋九月에 〈靺鞨〉이 襲
破〈漢山城〉하여 虜三百餘戶以歸하다. 冬十月에
大雪丈餘하다.

▷ 본문풀이 ◁

　4년, 봄 정월에 「진로」를 병관좌평으로 임명하여 서울과 지방

의 군사에 관한 일을 겸하여 맡게 하였다. 가을 9월에, 〈말갈〉이 〈한산성〉을 습격하여 함락시키고 3백여 호를 포로로 잡아 돌아갔다. 겨울 10월에, 큰 눈이 한 길 넘게 내렸다.

○五年, 春에 王이 以.獵出至〈漢山城〉하여 撫問
　　　　　오 년 춘　왕　이 엽출지 한 산 성　　　무 문
軍民하고 浹旬乃還하다. 夏.四月에 獵於.〈熊津〉北
군 민　　협 순 내 환　　　　하 사 월　엽 어 웅 진 북
하다가 獲.神鹿하다.
　　　　획 신 록

▷ 본문풀이 ◁

5년, 봄에 왕이 사냥하러 〈한산성〉에 나가서 군사와 백성들을 위문하고 10일 만에 돌아왔다. 여름 4월, 〈웅진〉 북쪽에서 사냥을 하다가 신기한 사슴을 잡았다.

○六年, 春.二月에 王이 聞.〈南齊〉의 高祖「道成:
　　　　　육 년 춘 이 월　왕　문 남 제　　고 조 도 성
蘇氏」이　冊.〈高句麗〉「巨璉:長壽王」하여　爲.驃騎大
소 씨　　책 고 구 려 거 련　　　　　위 표 기 대
將軍하고 遣使上表하여 請.內屬하니 許之하다. 秋.
장 군　　견 사 상 표　　청 내 속　　허 지　　추
七月에　遣.內法佐平「沙若思」하여　如〈南齊〉하여
칠 월　견 내 법 좌 평 사 약 사　　여 남 제
朝貢이라가 「若思」가 至.西海中하여　遇.〈高句麗〉
조 공　　　약 사　지 서 해 중　　우 고 구 려
兵하여 不進하다.
병　　부 진

▶ 어려운 낱말 ◀

[請內屬(청내속)] : 내속(속국)하는 나라가 되기를 청하니.

▷ 본문풀이 ◁

6년, 봄 2월에 〈남제〉태조 「도성」이 〈고구려〉왕 「거련」을 표기대장군으로 책봉하였다는 말을 왕이 듣고, 「남제」에 사신을 보내 표문을 올리고 속국이 되기를 요청하니 그가 승낙하였다. 가을 7월에, 내법좌평 「사약사」를 〈남제〉에 보내서 조공하려 했으나, 「약사」가 서해에서 〈고구려〉 군사를 만나 가지 못하였다.

○七年, 夏.五月에 遣使聘.〈新羅〉하다.
　　칠 년　하 오 월　　견 사 빙　신 라

▷ 본문풀이 ◁

7년, 여름 5월에 〈신라〉에 사신을 보내 예빙하였다.

○八年, 春.二月에 拜.「苩加」하여 爲.衛士佐平하
　　팔 년　춘 이 월　　배 백 가　　　　위 위 사 좌 평

다. 三月에 遣使〈南齊〉하여 朝貢하다. 秋.七月에
　　삼 월　견 사 남 제　　　조 공　　　추 칠 월

重修宮室하고 築.〈牛頭城:위치 미상〉하다. 冬.十月
중 수 궁 실　　축 우 두 성　　　　　　　동 시 월

에 大閱於.宮南하다.
　　대 열 어 궁 남

百濟本紀(백제본기) | 159

8년, 봄 2월에 「백가」를 위사좌평으로 임명하였다. 3월에, 〈남제〉에 사신을 보내 조공하였다. 가을 7월에, 궁실을 중수하고 〈우두성〉을 축성했다. 겨울 10월에, 궁궐 남쪽에서 크게 군대를 사열하였다.

○十年, 〈魏〉가 遣兵來伐하나 爲我所敗하다.
　　십 년　위　　견 병 내 벌　　　위 아 소 패

▷ 본문풀이 ◁

10년에, 〈위〉나라가 군사를 보내어 침공하여 왔으나 우리 군사에 그들이 패배하는 바가 되었다.

○十一年, 秋에 大,有年하다. 國南,海村人이 獻,
　　십 일 년　추　　대 유 년　　　국 남 해 촌 인　　헌
合潁禾하다. 冬,十月에 王이 設壇하고 祭,天地하
합 영 화　　　동 시 월　　왕　　설 단　　　제 천 지
다. 十一月에 宴,群臣於,南堂하다.
　　십 일 월　　연 군 신 어 남 당

▶ 어려운 낱말 ◀

[大有年(대유년)]: 큰 풍년. [合潁禾(합영화)]: 이삭이 붙은 벼.

▷ 본문풀이 ◁

11년, 가을에 크게 풍년이 들었다. 나라의 남쪽 어촌 사람이 두 이삭이 합쳐진 벼를 바쳤다. 겨울 10월에, 왕이 제단을 만들어 천지신명에게 제사를 올렸다. 11월에, 왕이 남당에서 군신들에게 잔치를 베풀었다.

○十二年, 秋,七月에 徵,北部人으로 年,十五歲
已上하여 築,〈沙峴:위치 미상〉과 〈耳山:위치 미상〉의
二城하다. 九月에 王이 田於國西〈泗沘〉原하다.
拜「燕突」하여 爲,達率하다. 冬,十一月에 無氷하다.

▷ **본문풀이** ◁

12년, 가을 7월에 나이가 15세 이상인 북부 사람들을 징발하여 〈사현〉과 〈이산〉 두 성을 쌓았다. 9월에, 왕이 나라 서쪽 〈사비〉 벌판에서 사냥하다. 「연돌」을 임명하여 달솔로 삼았다. 겨울 11월에, 물이 얼지 않았다.

○十三年, 夏,六月에 〈熊川:錦江〉이 水漲하여 漂
沒王都,二百餘家하다. 秋,七月에 民饑하여 亡入
〈新羅〉者가 六百餘家러라.

[水漲(수창)] : 물이 불어남. [漂沒(표몰)] : 물에 잠기고 떠내려감. [民饑(민기)] : 백성들이 굶주리다.

▷ 본문풀이 ◁

13년, 여름 6월에 〈웅천〉의 물이 불어서 도성의 집 2백여 호가 떠내려가고 물에 잠겼다. 가을 7월에, 백성들이 굶주려 〈신라〉로 도망간 자가 6백여 호나 되었다.

○十四年, 春三月에 雪하다. 夏四月에 大風拔
　　십사년　춘삼월　　설　　　　하사월　　대풍발
木하다. 冬十月에 王獵〈牛鳴谷:위치 미상〉하다가 親
목　　　동시월　　왕렵우명곡　　　　　　　　　친
射鹿하다.
사록

▷ 본문풀이 ◁

14년, 봄 3월에 눈이 내렸다. 여름 4월에, 큰 바람이 불어와 나무가 뽑혔다. 겨울 10월에, 왕이 〈우명곡〉에서 사냥하다가 친히 사슴을 쏘아 잡았다.

○十五年, 春三月에 王이 遣使〈新羅〉하여 請婚
　　십오년　춘삼월　　왕　　견사　신라　　　청혼
하니〈羅〉王(照知麻立干)이 以伊湌「比智」女로 歸之
　　나　왕　　　　　　　　이이찬　비지　녀　귀지
하다.

▷ 본문풀이 ◁

15년 봄 3월, 왕이 〈신라〉에 사신을 보내 혼인을 요청하니, 〈신라〉왕이 이찬 「비지」의 딸을 시집보냈다.

○十六年, 秋,七月에 〈高句麗〉가 與〈新羅〉로
　　십 육 년　추 칠 월　　　고 구 려　　여 신 라

戰,〈薩水:槐山 靑川〉之原하여 〈新羅〉不克하고 退保
전 살 수　　　　　　　지 원　　　신 라 불 극　　　퇴 보

〈犬牙城:聞慶 西쪽〉하니 〈高句麗〉圍之하여 王이 遣
견 아 성　　　　　　　　고 구 려 위 지　　　왕　　견

兵三千救하니 解圍하다.
병 삼 천 구　　　해 위

▷ 본문풀이 ◁

16년, 가을 7월에 〈고구려〉와 〈신라〉가 〈살수〉벌판에서 싸웠는데, 〈신라〉가 이기지 못하고 〈견아성〉으로 퇴각하여 방어하고 있다가 〈고구려〉 군사에게 포위되었다. 왕이 군사 3천 명을 보내 구원하자 포위가 풀렸다.

○十七年, 夏,五月甲戌,朔에 日有食之하다. 秋,
　　십 칠 년　하 오 월 갑 술 삭　　일 유 식 지　　　추

八月에 〈高句麗〉가 來圍〈雉壤城:위치 미상〉하다. 王
팔 월　　　고 구 려　　내 위 치 양 성　　　　　　왕

이 遣使〈新羅〉하여 請救하니 〈羅〉王이 命,將軍
　　견 사 신 라　　　청 구　　　나 왕　　　명 장 군

「德智」하여 帥兵救之하니 〈麗〉兵이 退歸하다.
덕 지　　　솔 병 구 지　　　여 병　　퇴 귀

17년, 여름 5월 초하루 갑술일에 일식이 있었다. 가을 8월에, 고구려가 〈치양성〉을 포위하자, 왕이 〈신라〉에 사신을 보내 구원을 요청하였다. 〈신라〉 왕이 장군 「덕지」에게 명하여 군사를 거느리고 가서 구원하게 하니 〈고구려〉 군사가 돌아갔다.

○十九年, 夏.五月에 兵官佐平.「眞老」가 卒하니
　　십 구 년　하 오 월　　병 관 좌 평　진 로　　졸

拜.達率「燕突」하여 爲.兵官佐平하다. 夏.六月에
배 달 솔 연 돌　　　　위 병 관 좌 평　　　　하 유 월

大雨하여 漂毀民屋하다.
대 우　　표 훼 민 옥

▶ 어려운 낱말 ◀

[漂毀(표훼)] : 물에 떠내려가고 훼손되다.

▷ 본문풀이 ◁

19년, 여름 5월에 병관좌평 「진로」가 죽으니, 달솔 「연돌」을 병관좌평으로 임명하였다. 여름 6월에, 큰 비가 내려 백성들의 가옥이 물에 잠기고 유실되어 무너졌다.

○二十年, 設〈熊津橋〉하다. 秋.七月에 築〈沙井
　　이 십 년　설 웅 진 교　　　　추 칠 월　축 사 정

城:위치 미상〉하고 以.扞率「毗陀」로 鎭之하다. 八月
성　　　　　　　　　이 한 솔 비 타　　진 지　　　　팔 월

에 王이 以〈耽羅〉가 不修貢賦어늘 親征하여 至
　　왕 이　탐 라　　　불 수 공 부　　　친 정　　　지

〈武珍州:광주〉하다. 〈耽羅〉聞之하고 遣使乞罪하니
무 진 주 　　　　　　　　　　　탐 라 문 지 　　　견 사 걸 죄

乃止하다.[〈耽羅〉, 卽〈耽牟羅〉.]
내 지

▷ 본문풀이 ◁

　20년, 〈웅진교〉를 가설하였다. 가을 7월, 〈사정성〉을 쌓고 한
솔 「비타」로 하여금 그곳에 진주하게 하였다. 8월, 왕이 〈탐라〉에
서 공납과 조세를 바치지 않는다 하여 그를 직접 치려고 〈무진주〉
에 이르니 〈탐라〉에서 이 소문을 듣고 사신을 보내 잘못을 빌므로
이에 중지하였다.【〈탐라〉는 곧 〈탐모라〉이다.】

　○二十一年, 夏大旱하여 民饑相食하고 盜賊多起
　　이 십 일 년 　하 대 한 　　　　민 기 상 식 　　　도 적 다 기

하다. 臣寮가 請,發倉賑救하나 王이 不聽하다. 〈漢
　　　　신 료 　　청 발 창 진 구 　　왕 　　불 청 　　　　한

山?〉人이 亡入,〈高句麗〉者,二千하다. 冬,十月에
산 　인 　　망 입 　고 구 려 　자 이 천 　　　동 시 월

大疫하다.
대 역

▶ 어려운 낱말 ◀

[民饑相食(민기상식)] : 백성들이 배가 고파 서로 잡아먹다. [發倉賑救(발창진
구)] : 창고를 열어 백성을 구제함.

▷ **본문풀이** ◁

21년, 여름에 큰 가뭄이 들어 백성들이 굶주려서 서로 잡아먹고, 도적이 많이 일어났다. 신하들이 창고를 풀어 구제하자고 요청하였으나 왕이 듣지 않았다. 〈한산〉 사람들 중에 〈고구려〉로 도망간 자가 2천 명이나 되었다. 겨울 10월에, 역병이 크게 돌았다.

○二十二年, 春에 起〈臨流閣〉於宮東하니 高,
이 십 이 년 춘   기 임 류 각 어 궁 동   고

五丈이요, 又穿池養奇禽하다. 諫臣이 抗疏不報
오 장   우 천 지 양 기 금   간 신   항 소 불 보

하고 恐有復諫者하여 閉宮門하다. 夏四月에 田
     공 유 부 간 자   폐 궁 문   하 사 월   전

於〈牛頭城〉이라가 遇雨雹하여 乃止하다. 五月에
어 우 두 성   우 우 박   내 지   오 월

旱하다. 王이 與左右로 宴〈臨流閣〉하며 終夜極歡
한   왕   여 좌 우   연 임 류 각   종 야 극 환

하다.

▷ **본문풀이** ◁

22년, 봄에 대궐 동쪽에 〈임류각〉을 세웠는데 높이가 다섯 길이요, 또한 연못을 파고 기이한 짐승을 길렀다. 간관들이 이에 항의하여 글을 올렸으나 듣지 않고 다시 간하는 자가 있을까 염려하여 대궐의 문을 닫아 버렸다. 여름 4월에, 왕이 〈우두성〉에서 사냥하다가 비와 우박을 만나서 중지하였다. 5월에, 날이 가물었다. 왕이 신하들과 더불어 〈임류각〉에서 잔치를 베풀며 밤새도

록 매우 즐겼다.

○論曰, 良藥苦口나 利於病하고 忠言逆耳나 利
　　논왈　양약고구　　　이어병　　　　충언역이　　　이
於行이라. 是以로 古之明君은 虛己問政하며 和顏
어행　　　　시이　　고지명군　　허기문정　　　　화안
受諫하고 猶恐人之不言하여 縣敢諫之鼓하고 立
수간　　　유공인지불언　　　현감간지고　　　　입
誹謗之木而不已니라. 今『牟大王:동성왕』이 諫書
비방지목이불이　　　　금　모대왕　　　　　간서
上而不省하고 復閉門以拒之하다. 『莊子』曰,
상이불성　　　부폐문이거지　　　　장자　왈
"見過不更하고 聞諫愈甚은 謂之狠이라." 하나니
　견과불갱　　　문간유심　　위지한
其『牟大王:동성왕』之謂乎아?
기　모대왕　　　　지위호

▶ 어려운 낱말 ◀

[虛己問政(허기문정)] : 자기를 비우고 정사를 듣다. [和顏受諫(화안수간)] : 얼
굴을 부드럽게 하여 諫言을 듣다. [誹謗之木(비방지목)] : 비방하는 말을 기록
하는 나무를 세우다. [狠] : 사나울(한).

[저자의 견해]

　좋은 약은 입에는 쓰나 병에는 이롭고, 바른 말은 귀에는 거슬
리나 행동에는 이롭다 했다. 그러므로 옛날의 명철한 임금은 겸
허한 자세로 정사를 남에게 물었으며, 얼굴빛을 부드럽게 하여
충간하는 말을 받아들이고, 오히려 사람들이 간하지 않을 것을
염려하여 간하고자 할 때 칠 수 있는 북을 달았으며, 비방하는 말

을 기록하게 하는 기둥을 세우는 등, 온갖 조치를 말지 않았다.
지금 『모대왕』은 간하는 글이 올라 와도 반성하지 않고, 다시 문
을 닫고 거절하였다. 『장자』는 "잘못을 보고도 고치지 않으며, 간
하는 말을 듣고도 더욱 심해지는 것을 '사납다' 고 한다." 라고 말
하였으니, 이는 『모대왕』과 같은 사람을 두고 이른 말이 아닐까?

○二十三年, 春.正月에 王都老嫗가 化狐而去하
다. 二虎.鬪於南山이러니 捕之不得하다. 三月에
降霜害麥하고 夏.五月에 不雨至秋하다. 七月에
設柵於〈炭峴:대전 동방 馬道嶺〉하니 以備〈新羅〉라.
八月에 築〈加林城:林川 聖興山城〉하고 以.衛士佐平
「苩加」로 鎭之하다. 冬.十月에 王이 獵於〈泗沘:夫
餘〉東原하다. 十一月에 獵於〈熊川〉北原하고 又田
於〈泗沘〉西原하니 阻.大雪하여 宿於〈馬浦村:舒川郡
韓山面〉하다. 初에 王이 以「苩加」로 鎭〈加林城〉하라
하니 「加」는 不欲往하고 辭以疾이나 王이 不許하다.
是以로 怨王하더니 至是에 使人刺王하여 至.十二
月에 乃薨하다. 諡曰『東城王』이라 하다.[『冊府元龜』에

云하되 "〈南濟〉〈建元〉二年에 〈百濟〉王「牟都」가 遣使貢獻하다. 詔曰, "寶命惟新에 澤被絶域하니, 「牟都」世蕃東表하여 守職遐外하니 可卽授하되 '使持節都督〈百濟〉諸軍事鎭東大將軍'이라." 하다. 又〈永明〉八年에 〈百濟〉王「牟大」가 遣使上表하므로 遣, 謁者僕射「孫副」하여 策命「大」하되 襲亡祖父「牟都」하여 爲〈百濟〉王하고 曰, "於戲라! 惟爾世襲忠勤하여 誠著遐表하다. 海路肅澄하고 要貢無替하며 式循彛典하여 用纂顯命을 往敬哉아 其敬膺休業하니 可不愼歟아 '行都督〈百濟〉諸軍事鎭東大將軍〈百濟〉王'이라." 하다. 而『三韓古記』에는 無「牟都」爲王之事하다. 又按「牟大」는 『蓋鹵王』之孫이요 『蓋鹵』第二子인 「昆支」之子이니 不言其祖「牟都」하니 則『齊書』所載, 不可不疑하다.]"

▷ 본문풀이 ◁

23년, 봄 정월에 왕도에서 늙은 할미가 여우로 변하여 사라졌다. 남산에서 호랑이 두 마리가 싸웠는데 잡지 못하였다. 3월에, 서리가 내려 보리를 해쳤다. 여름 5월부터 가을까지 비가 내리지 않았다. 7월에, 〈탄현〉에 목책을 세워 〈신라〉의 침입에 대비하였다. 8월에, 〈가림성〉을 쌓고 위사좌평 「백가」로 하여금 그곳을 지키게 하였다. 겨울 10월에, 왕이 사비 동쪽 벌판에서 사냥하였다. 11월에, 왕이 〈웅천〉북쪽 벌판과 〈사비〉서쪽 벌판에서 사냥하였는데, 큰 눈에 길이 막혀 〈마포촌〉에서 묵었다. 이전에 왕이 「백가」로 하여금 〈가림성〉을 지키게 하였을 때 「백가」는 가기를 원하지 않아 병을 핑계로 퇴관하고자 하였다. 그러나 왕은 이를 승낙하지 않았다. 이로 말미암아 「백가」는 왕에게 원한을 품고 있었다. 이때에 와서 「백가」가 사람을 시켜 왕을 칼로 찔러서 12월에 이르러 왕이 죽으니, 시호를 『동성왕』이라 하였다.〖책부 원귀에는 "〈남제〉〈건원〉 2년, 〈백제〉왕 「모도」가 사신을 보내 공납을 바쳤다. 이 때 조서를 내려 말하기를 "우리나라가 하늘의 명령을 새로 받드니 은택이 먼 곳까지 미치고 있다. 「모도」는 대대로 동방의 번신으로 있으면서, 멀리 떨어진 곳에서 자기의 직무를 다하고 있으므로, '사지절도독백제제군사진동대장군' 을 제수할 만하다." 라고 하였다. 또한 영명 8년에 〈백제〉왕 「모도」가 사신을 파견하여 표문을 올리자 알자 복야 「손부」를 보내 「모도」에게 그의 죽은 할아버지 「모도」의 관작을 계승케 하고, 백제왕으로 삼는 책명을 내리면서 말하기를 "아아! 그대는 대대로 충성과 근면을 계승하였으니 그 정성이 멀리까지 드러나 보였다. 해로가 고요하고 조공이 변함없기를 바라며, 법식과 법전을 따를 것이며, 천명을 돌아보며 행동을 삼가하라. 국가의 위업을 잇는 것이니 어찌 조심하지 않을 수 있으랴! 이에 '행도독〈백제〉제군사진동대장군〈백제〉왕' 으로 임명한다." 라는 기록이 있다. 그러나 [삼한고기]에는 「모도」가 왕이 되었다는 사실이 없다. 또한 「모대」는 『개로왕』의 손자요, 『개로왕』의 둘째 아들인 「곤지」의 아들로서, 그의 할아버지가 「모도」라고는 하지 않았으니, [제서(齊書)]에 기록되어 있는 내용은 의심하지 않을 수 없다.〗"

25 | 武寧王(무녕왕) : 501~523

○『武寧王』의 諱는「斯摩」[或云「隆」이라.]니『牟大
　　무녕왕　　　휘　　　사마　　　　　　　　　　모대

王』之第,二子也라. 身長八尺에 眉目如畵하여 仁
왕 지제이자야　　신장팔척　　미목여화　　　인

慈寬厚하고 民心歸附하여『牟大』在位,二十三年에
자관후　　　민심귀부　　　모대　재위이십삼년

薨하고 卽位하다. 春,正月에 佐平「苩加」가 據〈加
훙　　　즉위　　　춘정월　　좌평백가　　거　가

林城〉에서 叛하니 王이 帥,兵馬하고 至〈牛頭城〉하
림성　　　반　　　왕　　솔병마　　　지우두성

여 命,扞率「解明」하여 討之하다.「苩加」出降하니
　명한솔해명　　　토지　　　백가출항

王이 斬之하여 投於〈白江:錦江入口〉하다. 冬,十一月
왕　참지　　　투어백강　　　　　　　　동십일월

에 遣,達率「優永」하여 帥兵五千으로 襲〈高句麗〉
　견달솔우영　　　솔병오천　　　습고구러

〈水谷城〉하다.
수곡성

▶ 어려운 낱말 ◀

[眉目如畵(미목여화)] : 눈썹과 눈이 그린 것 같다.

▷ 본문풀이 ◁

　『무녕왕』의 이름은「사마」【혹은「융」이라고도 한다.】이니,『모대
왕』의 둘째 아들이다. 신장이 8척이오, 눈매가 그림과 같았으며

인자하고 너그러워서 민심이 그를 따랐다. 『모대왕』이 재위 23년
에 사망하자 그가 왕위에 올랐다. 봄 정월에, 좌평 「백가」가 〈가
림성〉을 거점으로 반란을 일으키니, 왕이 군사를 거느리고 〈우두
성〉에 가서 한솔 「해명」을 시켜 공격하게 하였다. 「백가」가 나와
서 항복하자 왕이 백가의 목을 베어 〈백강〉에 던졌다. 겨울 11월
에, 달솔 「우영」을 보내 군사 5천 명을 거느리고 〈고구려〉의 〈수
곡성〉을 습격하게 하였다.

○論曰, 『春秋·公羊傳』에 曰, "人臣無將이니 將
　　　　논 왈　　 춘 추　　　　 왈　　 인 신 무 장　　　 장
而必誅라." 하다. 若,「苩加」之,元惡大憝는 則,天地
이 필 주　　　　 약　 백 가 지 원 악 대 대　　 즉 천 지
所不容이어늘 不卽罪之하여 至是에 自知難免하고
소 불 용　　　 부 즉 죄 지　　　　 지 시　　 자 지 난 면
謀叛而後,誅之는 晚也라.
모 반 이 후 주 지　　　 만 야

▶ 어려운 낱말 ◀

　[人臣無將(인신무장)] : 신하된 자가 반역해서는 안됨.(漢書에 나오는 말). [將
　而必誅(장이필주)] : 반역하면 반드시 목을 벤다. [元惡大憝(원악대대)] : 흉악
　무도한 큰 죄인.

[저자의 견해]

　[춘추]에는 "신하된 자는 반역을 도모해서는 안 되나니, 이러한
자는 반드시 죽여야 한다."고 기록되어 있다. 「백가」와 같은 극

악한 역적은 천하에 용납될 수 없는데 즉시 처단하지 않고, 이때에 와서 그가 스스로 죄를 면하지 못할 것을 알고 반역을 일으켰으니 그를 처단하는 것은 늦은 것이다.

○二年, 春에 民饑且疫하다. 冬,十一月에 遣兵
　　　이 년　춘　　민 기 차 역　　　　동 십 일 월　　　견 병
侵〈高句麗〉邊境하다.
침　고 구 려　변 경

▷ 본문풀이 ◁

2년, 봄에 백성들이 굶주렸고 또 전염병이 돌았다. 겨울 11월에, 군사를 보내 〈고구려〉의 변경을 침공하였다.

○三年, 秋,九月에 〈靺鞨〉이 燒〈馬首〉柵하고 進
　　　삼 년　추 구 월　　말 갈　　소　마 수　책　　　　진
攻〈高木城〉하다. 王이 遣兵五千하여 擊退之하다.
공　고 목 성　　　　왕　　견 병 오 천　　　격 퇴 지
冬無氷하다.
동 무 빙

▷ 본문풀이 ◁

3년, 가을 9월에 〈말갈〉이 〈마수〉책을 소각하고 〈고목성〉으로 진공해 왔다. 왕이 군사 5천 명을 파견하여 이들을 물리쳤다. 겨울에, 얼음이 얼지 않았다.

○六年, 春에 大疫하다. 自.三月至.五月에 不雨
육년 춘 대역 자삼월지오월 불우

하여 川澤.竭하다. 民饑하니 發倉賑救하다. 秋.七
천택갈 민기 발창진구 추칠

月에 〈靺鞨〉來侵하여 破〈高木城〉하고 殺虜.六百
월 말갈내침 파고목성 살로육백

餘人하다.
여인

▷ 본문풀이 ◁

6년에, 봄에 역병이 크게 돌았다. 3월부터 5월까지 비가 내리
지 않아서 시냇물과 연못이 말랐다. 백성들이 굶주리므로 창고를
열어 구제하였다. 가을 7월에, 〈말갈〉이 침입하여 〈고목성〉을
격파하고 6백여 명을 죽이거나 사로잡아갔다.

○七年, 夏.五月에 立.二柵於〈高木城〉南하고 又
칠년 하오월 입이책어고목성남 우

築〈長嶺城〉하여 以備〈靺鞨〉하다. 冬.十月에 〈高
축 장령성 이비말갈 동시월 고

句麗〉將「高老」가 與〈靺鞨〉로 謀하여 欲攻〈漢
구려장고로 여말갈 모 욕공한

城〉하여 進屯於〈橫岳〉下하니 王이 出師하여 戰退
성 진둔어횡악하 왕 출사 전퇴

之하다.
지

▷ 본문풀이 ◁

7년, 여름 5월에 〈고목성〉 남쪽에 두 개의 목책을 세우고, 또 〈장

령성〉을 쌓아 〈말갈〉의 침입에 대비하였다. 겨울 10월에, 〈고구려〉의 장수 「고로」가 〈말갈〉과 더불어 〈한성〉을 치고자 하여 〈횡악〉아래에 와서 진을 치니 왕이 군사를 출동시켜 싸워서 그들을 물리쳤다.

○十年, 春,正月에 下令하여 完固隄防하고 驅,內
　　십 년　춘 정 월　　하 령　　완 고 제 방　　구 내
外游食者하여 歸農하다.
외 유 식 자　　귀 농

▷ 본문풀이 ◁

　10년, 봄 정월에 명령을 내려 제방을 튼튼히 하고 서울과 지방의 떠돌아다니는 얻어먹는 자들에게 농사를 짓게 하였다.

○十二年, 夏,四月에 遣使入〈梁〉하여 朝貢하다.
　　십 이 년　하 사 월　　견 사 입 양　　　조 공
秋,九月에 〈高句麗〉襲取〈加弗城:위치 미상〉하여 移
추 구 월　　고 구 려　습 취　가 불 성　　　　　　이
兵破〈圓山城:위치 미상〉하니 殺掠甚衆하다. 王이
병 파　원 산 성　　　　　　살 략 심 중　　　왕
帥,勇騎三千하여 戰於〈葦川:위치 미상〉之北하다.
솔 용 기 삼 천　　전 어 위 천　　　　　　지 북
〈麗〉人이 見,王軍少하고 易之하여 不設陣이어늘
여 인　　견 왕 군 소　　이 지　　불 설 진
王이 出奇急擊하여 大破之하다.
왕　출 기 급 격　　대 파 지

[勇騎(용기)] : 용감한 기병.　[易之(이지)] : 쉽게 여기다. 즉 업신여기다.　[不設陣(불설진)] : 진을 베풀지 않음.　[急擊(급격)] : 기습작전.

▷ 본문풀이 ◁

12년, 여름 4월에 〈양〉나라에 사신을 보내 조공하였다. 가을 9월에, 고구려가 〈가불성〉을 습격하여 빼앗고, 다시 군사를 옮겨 〈원산성〉을 격파하니 죽이거나 약탈하여 간 것이 심히 많았다. 왕이 용감한 기병 3천 명을 거느리고 〈위천〉 북쪽에 나가 싸우니 〈고구려〉 병사들이 왕의 군사가 적은 것을 보고 업신여겨 진을 치지 않았으므로 왕이 기발한 작전을 써서 급격하여 크게 무찔렀다.

○ 十六年, 春.三月戊辰.朔에 日有食之하다.
　　십 육 년　춘 삼 월 무 진 삭　　일 유 식 지

▷ 본문풀이 ◁

16년, 봄 3월 초하루 무진일에 일식이 있었다.

○ 二十一年, 夏.五月에 大水하다. 秋八月에 蝗
　　이 십 일 년　하 오 월　대 수　　추 팔 월　황
害穀하다. 民饑하여 亡入〈新羅〉者가 九百户러라.
해 곡　　민 기　　망 입 신 라 자　구 백 호
冬.十一月에 遣使入〈梁〉하여 朝貢하다. 先是에 爲.
동 십 일 월　견 사 입 양　　조 공　　선 시　위
〈高句麗〉所破하여 衰弱累年이러니 至是上表하여
고 구 려 소 파　　쇠 약 누 년　　지 시 상 표

稱 "累破〈高句麗〉하고 始與通好에 而,更爲强國이
　　 청　누파　고구려　　　시여통호　　　이갱위강국

라." 하다. 十二月에 「高祖」詔冊王하여 曰, "'行都
　　　　　십이월　고조　조책왕　　　왈,　행도

督〈百濟〉諸軍事,鎭東大將軍〈百濟〉王'「餘隆」은
독　백제　제군사　진동대장군　백제　왕　여륭

守藩海外하고 遠修貢職하여 迺誠款到하니 朕이
수번해외　　　원수공직　　　내성관도　　　짐

有,嘉焉하다. 宜率舊章하여 授兹榮命하여 可 '使,
유　가언　　　의솔구장　　　수자영명　　　가　사

持節都督〈百濟〉諸軍事,寧東大將軍'이라." 하다.
지절도독　백제　제군사　영동대장군

▶ 어려운 낱말 ◀

[蝗害穀(황해곡)] : 메뚜기가 곡식을 해하다. [累破(누파)] : 여러 번 격파하다.

[有嘉焉(유가언)] : 가상히 여겨. [宜率舊章(의솔구장)] : 마땅히 예법에 따라.

[榮命(영명)] : 영예로운 책명.

▷ 본문풀이 ◁

　21년, 여름 5월에 홍수가 났다. 가을 8월, 메뚜기 떼가 곡식을
해쳤다. 백성들이 굶주려 〈신라〉로 도망간 자가 9백 호나 되었
다. 겨울 11월에, 〈양〉나라에 사신을 보내 조공하였다. 이에 앞
서 〈고구려〉에게 격파당하여 나라가 쇠약하여진 지가 여러 해
되었는데, 이때 표문을 올려서 "백제가 여러 번 〈고구려〉를 격파
하여 그들과 처음으로 우호 관계를 맺었고, 이제 다시 강국이 되
었다."라고 하였다. 12월에, 〈양〉「고조」가 조서를 보내 왕을 책
명하여 말하기를 "'행도독〈백제〉제군사, 진동대장군〈백제〉왕'

「여륭」은 해외에서 번방을 지키며 멀리 와서 조공을 바치니 그의 정성이 지극하여 나는 이를 가상히 여긴다. 마땅히 옛 법에 따라 이 영광스러운 책명을 보내는 바, '사, 지절도독, 〈백제〉제군사, 영동대장군' 으로 봉함이 가하다." 라고 하였다.

○二十二年, 秋.九月에 王이 獵于〈狐山〉之原하
이 십 이 년   추 구 월   왕 엽 우 호 산 지 원

다. 冬.十月에 地震하다.
동 시 월   지 진

▷ 본문풀이 ◁

22년, 가을 9월에 왕이 〈호산〉 언덕에서 사냥하였다. 겨울 10월, 지진이 났다.

○二十三年, 春.二月에 王幸〈漢城〉하여 命.佐平
이 십 삼 년   춘 이 월   왕 행 한 성   명 좌 평

「因友」· 達率「沙烏」等하고 徵〈漢〉北州.郡民.年
인 우   달 솔 사 오 등   징 한 북 주 군 민 년

十五歲已上하여 築〈雙峴城〉하다. 三月에 至自
십 오 세 이 상   축 쌍 현 성   삼 월   지 자

〈漢城〉하다. 夏.五月에 王薨하니 諡曰「武寧」이라
한 성   하 오 월   왕 훙   시 왈 무 녕

하다.

▷ 본문풀이 ◁

23년, 봄 2월에 왕이 〈한성〉으로 가서 좌평 「인우」와 달솔 「사

오」 등에게 명령하여 15세 이상 되는 한수 이북 주, 군의 백성들을 징발하여 〈쌍현성〉을 쌓게 하였다. 3월에, 왕이 〈한성〉에서 돌아왔다. 여름 5월에, 왕이 서거하니, 시호를 「무녕」이라 하였다.

26 | 聖王(성왕) : 523~554

○『聖王』, 諱「明襛」이니『武寧王』之子也라. 智識英邁하고 能斷事하다.『武寧』薨하니 繼位하여 國人稱謂『聖王』이라 하다. 秋八月에〈高句麗〉兵 至〈浿水〉하니 王이 命左將「志忠」하여 帥步騎一萬으로 出戰退之하다.

▷ 본문풀이 ◁

『성왕』의 이름은 「명농」이니, 『무녕왕』의 아들이다. 지혜와 식견이 뛰어나고 모든 일에는 결단성이 있었다. 『무녕왕』이 서거하고 왕위에 오르자, 백성들이 『성왕』이라고 불렀다. 가을 8월에, 〈고구려〉군사가 〈패수〉에 이르자, 왕이 좌장 「지충」에게 보병과 기병 1만 명을 거느리고 출전케 하여 적을 물리쳤다.

○二年에〈梁〉「高祖」가 詔冊王하여 爲'持節都
　　이 년　　　양　고 조　　조 책 왕　　위　지 절 도
督〈百濟〉諸軍事綏東將軍〈百濟〉王'하다.
독　백 제　제 군 사 수 동 장 군　백 제　왕

▶ 어려운 낱말 ◀

　[詔冊王(조책왕)] : 조서를 내려 왕을 책봉함. [綏] : 편안할(수).

▷ 본문풀이 ◁

　2년에 〈양〉「고조」가 조서를 내려 왕을 '지절도독, 〈백제〉제군사수동장군〈백제〉왕' 으로 책봉하였다.

○三年, 春.二月에 與〈新羅〉로 交聘하다.
　삼 년　춘 이 월　여 신 라　　교 빙

▷ 본문풀이 ◁

　3년, 봄 2월에 〈신라〉와 서로 예빙하였다.

○四年, 冬.十月에 修葺〈熊津城:公州〉하여 立
　사 년　동 시 월　수 즙　웅 진 성　　　입
〈沙井:위치 미상〉柵하다.
　사 정　　　　　　책

4년, 겨울 10월에 〈웅진성〉을 수축하고 〈사정〉책을 세웠다.

○七年, 冬十月에 〈高句麗〉王「興安:安臧王」이
　　칠 년　동 시 월　　고 구 려　왕　홍 안

躬帥兵馬來侵하여 拔北鄙〈穴城:위치 미상〉하다.
궁 솔 병 마 래 침　　　발 북 비　혈 성

命佐平「燕謨」하여 領步騎三萬으로 拒戰於〈五
명 좌 평　연 모　　　영 보 기 삼 만　　거 전 어　오

谷:瑞興?〉之原이나 不克하고 死者二千餘人이러라.
곡　　지 원　불 극　　　사 자 이 천 여 인

7년, 겨울 10월에 〈고구려〉왕 「홍안」이 몸소 군사를 거느리고 침입하여 북쪽 변경 〈혈성〉을 함락시켰다. 왕이 좌평 「연모」에게 명령하여 보병과 기병 3만 명을 거느리고 〈오곡〉 벌판에서 항전하게 하였으나 이기지 못했다. 사망자가 2천여 명이나 되었다.

○十年, 秋七月甲辰에 星隕如雨하다.
　　십 년　추 칠 월 갑 진　　성 운 여 우

10년, 가을 7월 갑진일에 별이 비 오듯이 떨어졌다.

○十二年, 春三月에 遣使入〈梁〉하여 朝貢하다.
　　십 이 년　춘 삼 월　　견 사 입　양　　　조 공

夏.四月丁卯에 熒惑犯.南斗하다.
하 사 월 정 묘　　형 혹 범 남 두

▶ 어려운 낱말 ◀

[熒惑(형혹)] : 화성. [南斗(남두)] : 天子의 수명과 宰相 爵祿의 位를 주관함.

▷ 본문풀이 ◁

12년, 봄 3월에 〈양〉나라에 사신을 보내 조공하였다. 여름 4월 정묘에, 형혹성이 남두 성좌를 범하였다.

○十六年, 春에 移都於〈泗沘〉[一名〈所夫里〉.]하고
　　십 육 년 춘　　이 도 어 사 비

國號를 〈南扶餘〉라 하다.
국 호　　　남 부 여

▷ 본문풀이 ◁

16년, 봄에 도읍을 〈사비〉【〈소부리〉라고도 한다.】로 옮기고, 국호를 〈남부여〉라고 하였다.

○十八年, 秋.九月에 王이 命.將軍「燕會」하여
　　십 팔 년 추 구 월　　왕　　명 장 군 연 회

攻〈高句麗〉〈牛山城〉이나 不克하다.
공 고 구 려　　우 산 성　　　불 극

▷ 본문풀이 ◁

18년, 가을 9월에 왕이 장군 「연회」에게 명령하여 〈고구려〉의

〈우산성〉을 공격하게 하였으나 이기지 못했다.

○十九年, 王이 遣使入〈梁〉하여 朝貢하고 兼表
　　　십구년　왕　　견사입양　　　　조공　　　겸표
請「毛詩」博士‧涅槃等의 經義와 并工匠‧畵
청　모시　박사　열반등　　경의　　병공장　화
師等하니 從之하다.
사등　　　종지

▷ 본문풀이 ◁

　19년에, 왕이 〈양〉나라에 사신을 보내 조공하고 아울러 표문
을 올려 「모시(毛詩)」 박사와 열반(涅槃) 등의 의미를 풀이한 책과
기술자, 화가 등을 보내주기를 요청하니, 이를 허락하였다.

○二十五年, 春.正月己亥,朔에 日有食之하다.
　　이십오년　춘 정월기해삭　　일유식지

▷ 본문풀이 ◁

　25년, 봄 정월 초하루 기해일에 일식이 있었다.

○二十六年, 春.正月에 〈高句麗〉王「平成:陽原
　　이십육년　춘 정월　　　고구려　왕　평성
王」이 與,「濊」와 謀하여 攻.〈漢〉北〈獨山城〉하다.
왕　　여 예　　모　　　공 한북　독산성
王이 遣使請救於〈新羅〉하다. 〈羅〉王이 命,將軍
왕　　견사청구어 신라　　　　　나　왕　　명 장군
「朱珍」하여 領,甲卒三千하여 發之하다. 「朱珍」이
주진　　　영 갑졸삼천　　　발지　　　　주진

日夜兼程하여 至〈獨山城〉下하여 與〈麗〉兵,一戰
일야겸정   지독산성하   여 여병일전
하여 大破之하다.
     대 파 지

▶ 어려운 낱말 ◀

[甲卒(갑졸)] : 갑옷 입은 군사. [日夜兼程(일야겸정)] : 밤낮으로 길을 가서.

▷ 본문풀이 ◁

　26년, 봄 정월에 〈고구려〉왕 「평성」이 「예」와 공모하여 〈한수〉
이북의 〈독산성〉을 공격해왔다. 왕이 〈신라〉에 사신을 보내 구원
을 요청하였다. 〈신라〉왕이 장군 「주진」을 명하여 갑병 3천 명을
거느리고 그곳으로 출발했다. 「주진」은 밤낮으로 행군하여 〈독산
성〉 아래에 이르렀는데, 그곳에서 〈고구려〉 군사들과 일전을 벌
려 크게 격파하였다.

　○二十七年, 春,正月庚申에 白虹貫日하다. 冬,
　　이십칠년 춘 정월경신   백홍관일   동
十月에 王이 不知〈梁〉京師에 有,寇賊하고 遣使朝
시 월   왕   부 지 양 경사   유구적   견사조
貢하다. 使人旣至하여 見,城闕荒毁하고 竝號泣於
공   사인기지   견성궐황훼   병호읍어
端門外하니 行路見者가 莫不灑淚하다.「侯景」이
단문외   행로견자   막불쇄루   후경
聞之하고 大怒하여 執囚之하다. 及「景」平에 方得
문지   대노   집수지   급경평   방득
還國하다.
환국

[白虹貫日(백홍관일)] : 흰 무지개가 해를 관통하다. [寇賊(구적)] : 도둑 떼들.
[號泣(호읍)] : 눈물을 흘리며 울다. [灑淚(쇄루)] : 눈물을 뿌리다.

▷ 본문풀이 ◁

27년, 봄 정월 경신에 흰 무지개가 해를 가로 질렀다. 겨울 10월에, 왕이 〈양〉나라 서울에 반란이 일어났음을 알지 못하고 사신을 보내 조공하게 하였다. 사신이 그곳에 이르러 성과 대궐이 황폐하고 허물어진 것을 보고 모두들 대궐 단문 밖에서 소리 내어 울었는데, 행인들이 이를 보고 눈물을 흘리지 않는 자가 없었다. 「후경」이 이를 듣고 크게 노하여 그들을 투옥하였다. 그 후 그들은 「후경」의 난이 평정된 뒤에야 비로소 귀국하였다.

○二十八年, 春正月에 王이 遣將軍「達己」하여
　　이 십 팔 년　춘 정 월　　왕　　견 장 군　달 기

領兵一萬하고 攻取〈高句麗〉〈道薩城:지금의 天安〉하
영 병 일 만　　　공 취　고 구 려　　도 살 성

다. 三月에 〈高句麗〉兵이 圍〈金峴城:全義?〉하다.
　　삼 월　　고 구 려 병　　위　금 현 성

▷ 본문풀이 ◁

28년, 봄 정월에 왕이 장군 「달기」를 보내 군사 1만 명을 거느리고 〈고구려〉의 〈도살성〉을 공격케 하여 이를 빼앗았다. 3월에, 〈고구려〉 군사가 〈금현성〉을 포위했다.

○三十一年, 秋七月에 〈新羅〉取東北鄙하여 置
〈新州〉하다. 冬十月에 王女歸于〈新羅〉하다.

▷ 본문풀이 ◁

31년, 가을 7월에 〈신라〉가 동북 변경을 빼앗아 〈신주〉를 설
치하였다. 겨울 10월에, 왕의 딸이 신라에 시집갔다.

○三十二年, 秋七月에 王이 欲襲〈新羅〉하여 親
帥步騎五十하여 夜至〈狗川:지금의 沃川〉하니 〈新羅〉
伏兵이 發與戰하다가 爲亂兵所害薨하다. 諡曰
〈聖〉이라 하다.

▷ 본문풀이 ◁

32년, 가을 7월에 왕이 〈신라〉를 습격하기 위하여 직접 보병
과 기병 50명을 거느리고 밤에 〈구천〉에 이르렀는데, 〈신라〉의
복병이 나타나 그들과 싸우다가 왕이 난병들에게 살해하게 되었
다. 시호를 〈성〉이라 하였다.

27 | 威德王(위덕왕) : 554~598

○『威德王』의 諱는 「昌」이니 『聖王』之 元子也
라.『聖王』在位 三十二年에 薨하니 繼位하다.

▷ 본문풀이 ◁

『위덕왕』은 이름이 「창」이니 『성왕』의 맏아들이다. 『성왕』이
재위 32년에 서거하자, 그가 왕위를 이었다.

○元年, 冬 十月에 〈高句麗〉 大擧兵來하여 攻
〈熊川城?〉이니 敗衄而歸하다.

▶ 어려운 낱말 ◀

[敗衄(패뉴)] : 참패하여. [衄(뉴)] : 싸움에 지다.

▷ 본문풀이 ◁

원년, 겨울 10월에 〈고구려〉가 대거 군사를 동원하여 〈웅천성〉
을 침공하였다가 패하고 돌아갔다.

○六年, 夏 五月丙辰 朔에 日有食之하다.

▷ 본문풀이 ◁

6년, 여름 5월 초하루 병진일에 일식이 있었다.

○八年, 秋,七月에 遣兵侵掠〈新羅〉邊境하다가
　　팔년　추칠월　　견병침략　신라　변경
〈羅〉兵出擊으로 敗之하여 死者,一千餘人하다.
　나　병출격　　패지하여　사자　일천여인

▷ 본문풀이 ◁

8년, 가을 7월에 군사를 보내 〈신라〉의 변경을 침공하다가 〈신라〉병의 출격으로 패하여 사망자가 1천여 명이나 되었다.

○十四年, 秋,九月에 遣使入〈陳〉하여 朝貢하다.
　십사년　추구월　　견사입　진　　　조공

▷ 본문풀이 ◁

14년, 가을 9월에 사신을 〈진〉나라에 보내 조공하였다.

○十七年에 〈高齊:北朝의 하나〉後主(溫公 緯)가 拜
　십칠년　　고제　　　　　　후주　　　　　배
王爲 '使持節侍中,車騎大將軍〈帶方郡〉公〈百
왕위　사지절시중　거기대장군　대방군　공　백
濟〉王'이라 하다.
제　왕

▷ 본문풀이 ◁

17년, 〈고제〉의 후주가 왕을 '사지절시중, 거기대장군, 〈대방군〉공, 〈백제〉왕' 을 배수하였다.

○ 十八年, 〈高齊〉後主가 又以王爲, '持節都督
　　십팔년　　고제후주　　우이왕위　　지절도독
〈東靑州〉諸軍事〈東靑州〉刺史' 하다.
　동청주　제군사　동청주　자사

▷ 본문풀이 ◁

18년, 〈고제〉의 후주가 또 왕을 '지절도독〈동청주〉제군사〈동청주〉자사' 로 삼았다.

○ 十九年, 遣使入〈齊〉하여 朝貢하다. 秋,九月庚
　　십구년　견사입제　　　조공　　　　추구월경
子,朔에 日有食之하다.
자삭　　일유식지

▷ 본문풀이 ◁

19년, 〈제〉나라에 사신을 보내 조공하였다. 가을, 9월 초하루 경자 초하룻날에 일식이 있었다.

○ 二十四年, 秋,七月에 遣使入〈陳〉하여 朝貢하
　　이십사년　추칠월　　견사입진　　　조공
다. 冬,十月에 侵〈新羅〉西邊州郡하니 〈新羅〉伊
　동시월　　침신라　서변주군　　　　신라　이

湌「世宗」이 帥兵하여 擊破之하다. 十一月에 遣使
入〈宇文周〉하여 朝貢하다.

▷ 본문풀이 ◁

24년, 가을 7월에 〈진〉나라에 사신을 보내 조공하였다. 겨울
10월에, 〈신라〉서쪽 변경의 주, 군을 공격하니 〈신라〉의 이찬
「세종」이 군사를 거느리고 와서 격파시켰다. 11월에, 〈우문주〉
에 사신을 보내 조공하였다.

○二十五年에 遣使入〈宇文周〉하여 朝貢하다.

▷ 본문풀이 ◁

25년에, 〈우문주〉에 사신을 보내 조공하였다.

○二十六年, 冬,十月에 長星(혜성)竟天이라가 二
十日而滅하다. 地震하다.

▷ 본문풀이 ◁

26년, 겨울 10월에 혜성이 하늘 끝까지 뻗었다가 20일 만에 사
라졌다. 지진이 있었다.

○二十八年, 王이 遣使入〈隋〉하여 朝貢이러니
〈隋〉「高祖」가 詔拜王하여 爲 '上開府.儀同三司
〈帶方〉郡公' 하다.

▷ 본문풀이 ◁

28년, 왕이 〈수〉나라에 사신을 보내 조공하였더니 〈수〉나라
「고조」가 왕을 '상개부, 의동삼사〈대방〉군공' 으로 삼았다.

○二十九年, 春.正月에 遣使入〈隋〉하여 朝貢하
다.

▷ 본문풀이 ◁

29년, 봄 정월에 〈수〉나라에 사신을 보내 조공하였다.

○三十一年, 冬.十一月에 遣使入〈陳〉하여 朝貢
하다.

▷ 본문풀이 ◁

31년, 겨울 11월에 〈진〉나라에 사신을 보내 조공하였다.

○三十三年, 遣使入〈陳〉하여 朝貢하다.
　　삼 십 삼 년　견 사 입 진　　　　조 공

▷ 본문풀이 ◁

33년, 〈진〉나라에 사신을 보내 조공하였다.

○三十六年, 〈隋〉가 平〈陳〉하다. 有,一戰船하여
　　삼 십 육 년　수　　평 진　　　　유 일 전 선

漂至〈耽牟羅:지금 제주도〉國하여 其船이 得還에 經
표 지 탐 모 라　　　　　　　　국　　기 선　득 환　경

于國界하니 王이 資送之,甚厚하고 幷,遣使奉表하
우 국 계　　왕　자 송 지 심 후　　　병 견 사 봉 표

여 賀,平〈陳〉하다.「高祖:文帝」善之하여 下詔曰,
　　하 평 진　　　　고 조　　선 지　　　　하 조 왈

"〈百濟〉王이 旣聞平〈陳〉하고 遠令奉表하다. 往
　백 제 왕　기 문 평 진　　　원 령 봉 표　　　왕

復至難하여 若逢風浪하면 便致傷損하리라.〈百
복 지 란　　약 봉 풍 랑　　　편 치 상 손　　　　백

濟〉王의 心迹淳至를 朕이 已委知라 相去雖遠이
제 왕　심 적 순 지　짐　이 위 지　상 거 수 원

나 事同言面하니 何必數遣使하여 來相體悉하리
　사 동 언 면　　하 필 삭 견 사　　　내 상 체 실

오? 自今已後는 不須年別入貢하며 朕도 亦不遣
　　자 금 이 후　불 수 년 별 입 공　　짐　역 불 견

使往하리니 王은 宜知之하라."하다.
사 왕　　　왕　의 지 지

▶ 어려운 낱말 ◀

[得還(득환)] : 환국. [經于國界(경우국계)] : 국경을 지나가다. [資送(자송)] : 필수

품을 주어서 보냄. [往復至難(왕복지란)] : 왕복이 지극히 어려움. [若逢風浪(약봉풍랑)] : 만약 풍랑을 만나면. [便致傷損(편치상손)] : 손상을 입게 될 것이다.

▷ **본문풀이** ◁

36년, 〈수〉나라가 〈진〉나라를 평정하였다. 전함 한 척이 〈탐모라〉국으로 표류하여 왔다. 그 배가 돌아가게 되어 국경을 통과할 때, 왕이 물자를 풍성하게 주어 귀국케 하고, 사신을 보내 〈진〉나라를 평정한 것을 축하하는 표문을 올렸다. 〈수〉나라 「고조」가 이를 훌륭히 여겨 조서를 내려 말했다. "〈백제〉왕이 〈진〉나라를 평정하였다는 말을 듣자 멀리서 사신을 보내 표문을 바쳤다. 왕래가 지극히 어려운 지역이니, 만약 풍랑이라도 만나면 사람이 상하고 재물을 잃게 될 것이다. 〈백제〉왕의 마음이 순박하고 지극한 것은 내가 이미 깊이 알고 있다. 거리는 비록 멀리 떨어져 있지만 얼굴을 대하고 말하는 것과 같으니, 하필 자주 사신을 보내어 서로 대면할 필요가 있겠는가? 이후로는 해마다 조공하지 말 것이며 나도 사신을 보내지 않을 것이니 왕은 마땅히 그리 알라."고 했다.

○ 三十九年, 秋, 七月壬申, 晦에 日有食之하다.
　　삼 십 구 년　추 칠 월 임 신 회　　일 유 식 지

▷ **본문풀이** ◁

39년, 가을 7월 그믐 임신일에 일식이 있었다.

○ 四十一年, 冬十一月, 癸未에 星孛于, 角亢하다.
　　사 십 일 년　동 십 일 월 계 미　　성 패 우 각 항

41년, 겨울 11월 계미에 혜성이 각성과 항성 성좌에 나타났다.

○四十五年, 秋, 九月에 王이 使, 長史「王辯那」를
사십오년 추구월 왕 사장사 왕변나

入〈隋〉하여 朝獻하다. 王이 聞〈隋〉興〈遼東〉之役
입수 조헌 왕 문수흥요동지역

하고 遣使奉表하며 請爲軍道하다. 帝, 下詔曰, "往
견사봉표 청위군도 제하조왈 왕

歲에 〈高句麗〉가 不供職貢하고 無人臣禮하므로
세 고구려 불공직공 무인신례

故로 命將討之러니 「高元:嬰陽王」과 君臣이 恐懼
고 명장토지 고원 군신 공구

畏服이라 歸罪러니 朕이 已赦之라 不可致伐이라."
외복 귀죄 짐 이사지 불가치벌

하고 厚, 我使者而還之하다. 〈高句麗〉가 頗知其事
후 아사자이환지 고구려 파지기사

하고 以兵侵掠, 國境하다. 冬, 十二月에 王薨하다.
이병침략 국경 동십이월 왕훙

群臣이 議諡曰, 「威德」이라 하다.
군신 의시왈 위덕

▶ 어려운 낱말 ◀

[遣使奉表(견사봉표)] : 사신을 보내 글을 받들다. [軍道(군도)] : 대군이 들어
가는 길. 軍導는 전쟁의 안내자의 역할. [歸罪(귀죄)] : 죄를 인정하다. [已赦
之(이사지)] : 이미 그것을 용서하다. [侵掠國境(침략국경)] : 국경을 침입하여
약탈함.

　　45년, 가을 9월에 왕이 장사 「왕변나」를 시켜 〈수〉나라에 가서 조공을 바치게 하였다. 왕은 〈수〉나라가 〈요동〉 전쟁을 일으킨다는 소문을 듣고 사신을 파견하여 표문을 바치고, 군사의 향도가 되기를 요청하였다. 황제가 조서를 내려 "왕년에 〈고구려〉가 조공을 바치지 않고 신하로서의 예절을 갖추지 않았기에 장군들로 하여금 그들을 토벌케 하였는데, 「고원」과 신하들이 겁을 내며 잘못을 시인하기에 내가 이미 용서하였으니 그들을 칠 수는 없다."고 말하고, 우리 사신을 후대하여 돌려보냈다. 〈고구려〉가 그 일을 모두 알고 군사를 보내 우리 국경을 침략하였다. 겨울 12월에, 왕이 서거하였다. 군신들이 의논하여 시호를 「위덕」이라 하였다.

28 | 惠王(혜왕) : 598~599

ㅇ『惠王』의 諱는 「季」이니 『明王』第二子니라.
　　　혜 왕　　휘　계　　　　　　명 왕　제 이 자
『昌王』이 薨하니 即位하다.
　창 왕　　홍　　　즉 위

『혜왕』의 이름은 「계」이니, 『명왕』의 둘째 아들이다. 『창왕』이
서거하자, 그가 왕위에 올랐다.

○二年에 王薨하다. 謚曰,「惠」라 하다.
　　이 년　　왕 홍　　　시 왈　　혜

2년에 왕이 서거하였다. 시호를 「혜」라고 하였다.

29 | 法王(법왕) : 599~600

○『法王』의 諱는 「宣」[或云「孝順」]이니 『惠王』之.
　　법 왕　　휘　　선　　　　　　　　혜 왕 지

長子니라. 『惠王』이 薨하니 子「宣」이 繼位하다.[『隋
장 자　　　혜 왕　　홍　　자 선　　계 위

書』以「宣」은 爲『昌王』之子.] 冬,十二月에 下令하되 禁,
　　　　　　　　　　　　동 십 이 월　　하 령　　금

殺生하고 收,民家所養,鷹鷂(새매)를 放之하고 漁獵
살 생　　수 민 가 소 양 응 요　　　　방 지　　어 렵

之具도 焚之하다.
지 구　　분 지

[禁殺生(금살생)] : 살생을 금함. [鷹鷂(응요)] : 매와 악더귀. 즉 새매의 일종.
[漁獵之具(어렵지구)] : 고기 잡고 사냥하는 도구.

▷ 본문풀이 ◁

『법왕』의 이름은 「선」【혹은 「효순」이라고도 한다.】이니, 『혜왕』의 장자(長子)이다. 『혜왕』이 서거하자 아들 「선」이 왕위를 이었다. 【[수서]에는 「선」을 『창왕』의 아들이라고 하였다.】 겨울 12월에, 명령을 내려 살생을 금하고 민가에서 기르는 매와 새매를 놓아 주고, 고기 잡고 사냥하는 도구들을 태워버리라고 하였다.

○二年, 春.正月에 創.〈王興寺〉하고 度僧.三十
　　이 년　춘 정 월　　창　왕 흥 사　　　　도 승 삼 십
人하다. 大旱하여 王이 幸.〈漆岳寺〉하여 祈雨하다.
인　　　대 한　　　왕　행　칠 악 사　　　기 우
夏.五月에 薨하니 上諡曰「法」이라 하다.
하 오 월　홍　　　상 시 왈　법

▷ 본문풀이 ◁

2년, 봄 정월에 〈왕흥사〉를 창립하고 중 30명에게 도첩을 주었다. 큰 가뭄이 들어 왕이 〈칠악사〉에 가서 기우제를 지냈다. 여름 5월에, 왕이 서거하였다. 시호를 「법」이라 하였다.

30 | 武王(무왕) : 600~641

O『武王』의 諱는「璋」이니『法王』之 子니라. 風儀
英偉하고 志氣豪傑하다.『法王』이 卽位하여 翌年에
薨하니 子 嗣位하니라.

▷ 본문풀이 ◁

『무왕』의 이름은「장」이니『법왕』의 아들이었다. 풍채가 영웅
의 기질이 있고, 기상이 호방하고 걸출하였다.『법왕』이 왕위에
오른 이듬해에 서거하자, 그의 아들이 왕위를 이었다.

O 三年, 秋 八月에 王이 出兵하여 圍〈新羅〉의
〈阿莫山城〉[一名〈母山城〉]하다.〈羅〉王「眞平」이 遣
精騎數千하여 拒戰之하니 我兵失利而還하다.〈新
羅〉가 築〈小陀〉,〈畏石〉,〈泉山〉,〈甕岑〉四城하고
侵逼我 疆境이어늘 王怒하여 令 佐平「解讎」로 帥
步騎四萬하고 進攻其 四城하다.〈新羅〉의 將軍

「乾品」,「武殷」이 帥衆拒戰이어늘 「解讎」不利하
건품　　무은　　　솔중거전　　　　　해수　불리

여 引軍退於〈泉山〉西,大澤中하여 伏兵以待之하
인군퇴어　천산　서대택중　　　　복병이대지

다.「武殷」은 乘勝하여 領甲卒一千하고 追至大澤
무은　　승승　　　영갑졸일천　　　　추지대택

하니 伏兵이 發急擊之하니 「武殷」은 墜馬하고 士
복병　　발급격지　　　무은　　추마　　　사

卒驚駭하여 不知所爲러라.「武殷」의 子「貴山」이
졸경해　　부지소위　　　무은　　자귀산

大言曰, "吾嘗受敎於師(圓光法師)하니 曰, '士,當
대언왈　오상수교어사　　　　　　　왈　사당

軍에 無退라.'하거늘 豈敢奔退하여 以墜,師敎乎리
군　무퇴　　　기감분퇴　　이추사교호

오?"하고 以馬授父(武殷)하고 卽與小將「箒項」으로
이마수부　　　즉여소장　추항

揮戈力鬪以,死하다. 餘兵이 見此益奮하니 我軍敗
휘과력투이사　　여병　　견차익분　　　아군패

績하고 「解讎」僅免하여 單馬以歸하다.
적　　해수근면　　　단마이귀

▶ 어려운 낱말◀

[精騎數千(정기수천)] : 정예 기마부대 수천 명. [拒戰(거전)] : 항전. [侵逼(침
핍)] : 침략하여 핍박을 줌. [驚駭(경해)] : 놀라서. [不知所爲(부지소위)] : 어쩔
바를 몰라 했다. [見此益奮(견차익분)] : 이런 사실을 보고 더욱 흥분하여.

▷본문풀이◁

　3년, 가을 8월에 왕이 군사를 출동시켜 〈신라〉의 〈아막산성〉
【〈모산성〉이라고도 한다.】을 포위하였다. 〈신라〉왕 「진평」이 정예 기

병 수천 명을 보내 항전하자 우리 군사가 불리하여 돌아왔다. 〈신라〉가 〈소타, 외석, 천산, 옹잠〉 등 네 성을 쌓고, 우리 변경에 침범하였다. 왕이 노하여 좌평 「해수」에게 명령하여 보병과 기병 4만 명을 거느리고, 그 네 성을 공격케 하였다. 〈신라〉 장군 「건품」, 「무은」이 군사를 거느리고 항전해 오니 「해수」가 불리해지자 군사를 이끌고 〈천산〉 서쪽의 대택으로 퇴각하여 복병을 숨겨 놓고 기다렸다. 「무은」이 승승장구하여 갑병 1천 명을 거느리고 대택까지 추격하여 왔을 때, 복병이 갑자기 공격하니 「무은」은 말에서 떨어지고 군사들은 놀라고 당황하여 어찌할 줄을 몰랐다. 「무은」의 아들 「귀산」이 큰 소리로 말하기를, "내 일찍이 스승에게 들으니 '군사는 적을 만나서는 물러서지 말라?'고 하였는데, 어찌 감히 도망하여 스승의 가르침을 저버리겠느냐?" 하고는, 그는 말을 아버지에게 주고 즉시 소장 「추항」과 함께 창을 휘두르며 힘껏 싸우다가 죽었다. 나머지 군사들이 이를 보고 더욱 분발하여 우리 군사가 패배하고, 「해수」는 위기를 겨우 면하여 말 한 마리와 단신으로 돌아왔다.

○六年, 春.二月에 築〈角山城:위치 미상〉하다. 秋.
　육 년　춘 이 월　　축 각 산 성　　　　　　　추

八月에 〈新羅〉가 侵.東鄙하다.
　팔 월　　신 라　　침 동 비

▷ 본문풀이 ◁

　6년, 봄 2월에 〈각산성〉을 쌓았다. 가을 8월에, 〈신라〉가 동쪽 변경을 침략하였다.

○七年, 春.三月에 王都雨土하고 晝暗하다. 夏.
  칠 년 춘 삼 월   왕 도 우 토   주 암   하
四月에 大旱하고 年饑하다.
사 월   대 한   년 기

▷ 본문풀이 ◁

7년, 봄 3월에 도성에 흙비가 내리고 낮인데도 어두웠다. 여름
4월에, 크게 가물어 기근이 들었다.

○八年, 春.三月에 遣.扞率(:5품)「燕文進」하여 入
  팔 년 춘 삼 월   견 한 솔   연 문 진   입
〈隋〉朝貢하다. 又遣.佐平「王孝隣」하여 入貢하고
  수 조 공   우 견 좌 평 왕 효 린   입 공
兼請討〈高句麗〉하니 「煬帝」許之하고 令覘〈高句
겸 청 토 고 구 려   양 제 허 지   영 점 고 구
麗〉動靜하라 하다. 夏.五月에 〈高句麗〉來攻〈松山
려 동 정   하 오 월   고 구 려 내 공 송 산
城:위치 미상〉하여 不下하고 移襲〈石頭城:위치 미상〉
성   불 하   이 습 석 두 성
하여 虜.男女三千而歸하다.
     노 남 녀 삼 천 이 귀

▶ 어려운 낱말 ◀

[覘]: 엿볼(점). [移襲(이습)]: 자리를 옮겨 습격함.

▷ 본문풀이 ◁

8년, 봄 3월에 한솔 「연문진」을 〈수〉나라에 보내 조공하게 하
였다. 또한 좌평 「왕효린」을 보내 공물을 바치면서 〈고구려〉를
치자고 요청하였다. 「양제」가 이를 허락하고 〈고구려〉의 동정을
살피라고 하였다. 여름 5월에, 〈고구려〉가 〈송산성〉을 공격하다
가 함락시키지 못하고, 다시 〈석두성〉을 습격하여 남녀 3천 명을
사로잡아 돌아갔다.

○九年, 春.三月에 遣使入〈隋〉하여 朝貢하다.
〈隋〉文林郎「裴淸」이 奉使〈倭〉國하여 經.我國南
路하다.

▷ 본문풀이 ◁

9년, 봄 3월에 〈수〉나라에 사신을 보내 조공하였다. 〈수〉나라
문림랑 「배청」이 왜국에 사신으로 가면서 우리나라 남쪽 길을 거
쳐서 지나갔다.

○十二年, 春.二月에 遣使入〈隋〉하여 朝貢하다.
〈隋〉「煬帝」가 將征〈高句麗〉어늘 王이 使「國智
牟」로 入請軍期하다. 帝悅하여 厚加賞錫하고 遣.

尚書起部郎「席律」來하여 與王으로 相謀하다. 秋,
八月에 築〈赤喦城(적암성)〉하다. 冬,十月에 圍〈新
羅〉〈椵岑城:위치 미상〉하여 殺,城主「讚德」하고 滅
其城하다.

▶ 어려운 낱말 ◀

[軍期(군기)] : 군사가 움직이는 일정과 과정.

▷ 본문풀이 ◁

12년, 봄 2월에 〈수〉나라에 사신을 보내 조공하였다. 〈수〉나라
「양제」가 장차 〈고구려〉를 치려 하므로, 왕이 「국지모」를 〈수〉나
라에 보내 행군 일정을 물었다. 양제가 기뻐하며 후하게 상을 내
리고 상서 기부랑 「석률」을 보내 왕과 상의하게 하였다. 가을 8월
에, 〈적암성〉을 쌓았다. 겨울 10월에, 〈신라〉의 〈가잠성〉을 포위
하여 성주 「찬덕」을 죽이고 그 성을 멸망시켰다.

○十三年,〈隋〉六軍이 度〈遼〉하니 王이 嚴兵於
境하고 聲言助〈隋〉나 實持兩端하다. 夏,四月에
震,宮南門하다. 五月에 大水하여 漂沒人家하다.

[度(도)] : 渡와 같음. [嚴兵於境(엄병어경)] : 국경의 경비를 엄하게 하다. [實持兩端(실지양단)] : 실제로는 양단을 갖고 있다.

▷ 본문풀이 ◁

13년, 〈수〉나라 6군이 〈요수〉를 건너자, 왕이 국경에서 군비를 엄하게 하여 〈수〉나라에 협조한다고 말은 하였으나 실지로는 다른 두 쪽의 마음을 품고 있었다. 여름 4월에, 대궐 남문에 벼락이 쳤다. 5월에, 홍수가 나서 인가가 물에 잠겼다.

○ 十七年, 冬,十月에 命,達率(2품)「苩奇」하여 領兵八千하고 攻〈新羅〉〈母山城:雲峰〉하다. 十一月에 王都地震하다.

▷ 본문풀이 ◁

17년, 겨울 10월에 달솔「백기」에게 명령하여 군사 8천 명을 거느리고 〈신라〉의 〈모산성〉을 공격하게 하였다. 11월에, 도성에 지진이 났다.

○ 十九年, 〈新羅〉將軍「邊品」等이 來攻〈椵岑城〉하여 復之하나 「奚論」戰死하다.

19년, 신라의 장군 「변품」 등이 와서 〈가잠성〉을 공격하여 성을 회복하였으나 「해론」이 여기에서 전사하였다.

○二十二年, 冬,十月에 遣使入〈唐〉하여 獻,果下
이 십 이 년 동 시 월   견 사 입 당   헌 과 하
馬하다.
마

▶ 어려운 낱말 ◀

[果下馬(과하마)] : 키가 작은 토종말.

▷ 본문풀이 ◁

22년, 겨울 10월에 〈당〉나라에 사신을 보내 과하마를 헌납하였다.

○二十四年, 秋에 遣兵하여 侵〈新羅〉〈勒弩縣〉하
이 십 사 년 추   견 병   침 신 라   늑 노 현
다.

▷ 본문풀이 ◁

24년, 가을에 군사를 보내 〈신라〉의 〈늑노현〉을 침공하였다.

○二十五年, 春,正月에 遣,大臣하여 入〈唐〉朝貢
이 십 오 년 춘 정 월   견 대 신   입 당 조 공

하다.「高祖」嘉其誠款하여 遣使就冊하여 爲‘〈帶
　　　　　고조　가기성관　　　　견사취책　　　위　대

方群〉公〈百濟〉王’하다. 秋.七月에 遣使入〈唐〉하
방군공백제왕　　　　추칠월　　견사입당

여 朝貢하다. 冬.十月에 攻〈新羅〉하여 〈速含〉.〈櫻
　朝貢하다　동시월　공신라　　　속함　앵

岑〉.〈岐岑〉.〈烽岑〉.〈旗懸〉.〈冗柵〉等, 六城取之
잠　기잠　봉잠　기현　용책등　육성취지

하다.

▷ 본문풀이 ◁

　25년, 봄 정월에 〈당〉나라에 대신을 보내 조공하였다.「고조」
가 그의 정성을 가상히 여겨 사신을 보내 왕을 ‘〈대방군〉공〈백
제〉왕’으로 책봉하였다. 가을 7월에, 〈당〉나라에 사신을 보내 조
공하였다. 겨울 10월에, 〈신라〉의 〈속함〉, 〈앵잠〉, 〈기잠〉, 〈봉
잠〉, 〈기현〉, 〈용책〉 등 6개 성을 공격하여 취하였다.

　○二十六年, 冬.十一月에 遣使入〈唐〉하여 朝貢
　　이십육년　동십일월　견사입당　　　조공

하다.

▷ 본문풀이 ◁

　26년, 겨울 11월에 〈당〉나라에 사신을 보내 조공하였다.

　○二十七年, 遣使入〈唐〉하여 獻.明光鎧하고 因
　　이십칠년　견사입당　　헌명광개　　인

訟〈高句麗〉梗道路하고 不許來朝上國하다.「高
송 고구려 경도로 불허래조상국 고

祖」가 遣散騎常侍「朱子奢」來하여 詔諭我及〈高
조 견 산기상시 주자사 래 조유아급 고

句麗〉가 平其怨하다. 秋八月에 遣兵하여 攻〈新
구려 평기원 추팔월 견병 공 신

羅〉〈王在城〉하여 執城主「東所」하고 殺之하다. 冬
라 왕재성 집성주동소 살지 동

十二月에 遣使入〈唐〉하여 朝貢하다.
십 이 월 견사입 당 조공

▶ 어려운 낱말 ◀

[明光鎧(명광개)] : 黃漆로 바른 갑옷으로 광채가 눈을 끈다. [梗道路(경도로)]
: 길을 막다. [詔諭(조유)] : 조서를 내려 曉諭함.

▷ 본문풀이 ◁

　　27년, 〈당〉나라에 사신을 보내서 '명광개'라는 갑옷을 바치면
서 〈고구려〉가 길을 가로막고 상국을 입조하지 못하게 한다는
사실을 호소하였다. 「고조」가 산기상시 「주자사」에게, 조서를 우
리와 〈고구려〉에 내려 서로의 원한을 잊으라고 하였다. 가을 8월
에, 군사를 보내 〈신라〉의 〈왕재성〉을 공격하여 성주 「동소」를
죽였다. 겨울 12월에, 〈당〉나라에 사신을 보내 조공하였다.

　　○二十八年, 秋七月에 王이 命將軍「沙乞」하여
　　　이 십 팔 년 추 칠 월 왕 명장군 사걸

拔〈新羅〉西鄙二城하고 虜男女三百餘口하다. 王
발 신 라 서비이성 노 남녀삼백여구 왕

이 欲復〈新羅〉侵奪地分하여 大擧兵하여 出屯於

〈熊津:공주〉하다. 〈羅〉王「眞平」이 聞之하고 遣使.

告急於〈唐〉하니 王이 聞之하고 乃止하다. 秋,八月

에 遣,王姪「福信」하여 入〈唐〉朝貢하니 『太宗』이

謂與〈新羅〉와 世讐로 數相,侵伐하니 賜王璽書

曰,"王世爲,君長하여 撫有東藩하고 海隅遐曠하

고 風濤艱阻하여 忠款之至하고 職貢相尋이라 尚

想嘉猷하니 甚以欣慰로다. 朕은 祇承寵命하여 君

臨區宇하고 思弘正道하여 愛育黎元하며 舟車所

通하고 風雨所及에 期之遂性하여 咸使乂安이오.

〈新羅〉王「金眞平」은 朕之蕃臣이오, 王之鄰國이

라 每聞遣師하여 征討不息이라. 阻兵安忍은 殊乖

所望이오. 朕은 已對王姪「福信」及〈高句麗〉〈新

羅〉使人에 具勅通和하여 咸許輯睦하니 王은 必

須,忘彼前怨하고 識朕本懷하여 共篤鄰情하고 卽

停兵革하라." 하다. 王은 因遣使하여 奉表陳謝하다.

雖,外稱順命하나 内實,相仇如故하다.
수 외 칭 순 명 　　　내 실 상 구 여 고

▶ 어려운 낱말 ◀

[西鄙(서비)] : 서쪽 변. [侵奪地分(침탈지분)] : 침략으로 빼앗긴 땅. [世讎(세수)] : 대대로 내려온 원수. [數相侵伐(삭상침벌)] : 자주 서로 침략하고 정벌함. [璽書(새서)] : 천자나 왕이 내린 글. [東蕃(동번)] : 동쪽에 있는 번국. [遐曠(하광)] : 멀고 넓음. [艱阻(간조)] : 艱難險阻의 줄어든 꼴. 길이 어려움을 말함. [尙想嘉猷(상상가유)] : 오히려 좋은 꾀를 생각하다. [祗承寵命(지승총명)] : 공경스럽게 총명을 이어받아. [君臨區宇(군림구우)] : 강토(區宇)에 군림하다. [思弘正道(사홍정도)] : 정도를 넓히다. [黎元(여원)] : (黎民) 백성을 말함. [乂安(예안)] : 평안하게 다스려짐. [蕃臣(번신)] : 번국의 신하. [實相仇如故(실상구여고)] : 실제로는 옛날 원수 그대로였다.

▷ 본문풀이 ◁

　28년, 가을 7월에 왕이 장군「사걸」에게 명하여 〈신라〉 서부 변경의 두 성을 함락시키고, 남녀 3백여 명을 사로잡았다. 왕이 〈신라〉에 빼앗긴 땅을 회복하기 위하여 군사를 대대적으로 동원하여 〈웅진〉에 주둔하였다. 〈신라〉왕「진평」이 이를 듣고 〈당〉나라에 사신을 보내 위급한 사태를 말하였다. 왕이 이 사실을 알고 중지하였다. 가을 8월에, 왕이 조카「복신」을 〈당〉나라에 보내 조공하니,『태종』이 〈백제〉와 〈신라〉가 대대로 원수를 맺어 서로 자주 침공한다고 하면서 왕에게 조서를 보내 말하기를, "왕은 대대로 군주가 되어 동쪽 변방을 진무하고 있다. 먼 바다 한 끝에서 바람과 파도가 험한 것을 무릅쓰고 충성이 지극하여 조공이 계속되니, 왕의 아름다운 생각을 높이 평가하며 매우 기쁘게 여긴다. 내가 삼가 영광스러운 대명을 이어받아 천하를 통치하게 되었으니, 정도를 넓히고 백성들을 아껴 양육하며, 배와 수레가 통하는 곳과 바람과 비가 미치는 곳마다 모두 천성에 따르며 모두가 편안하게 살기를 원하고 있다. 〈신라〉왕 「김진평」은 나의 번신이요, 왕의 이웃이지만 매번 군사를 보내 토벌하는 것이 그치지 않는다고 들었다. 군대의 힘을 믿고 잔인한 행위를 마음대로 하는 것은 나의 기대에 매우 어긋난다. 내가 이미 왕의 조카 「복신」과 〈고구려〉, 〈신라〉 사신들에게 서로 화친하도록 타이르고 모두 화목하게 지내게 하였다. 왕은 반드시 전날의 원한을 잊고 나의 본뜻을 헤아려서 모두 이웃의 정을 두터이 하여 즉시 전쟁을 중지하라." 하다. 왕이 곧 사신을 보내 표문을 바쳐 사죄하였다. 비록 겉으로는 명령에 순종하겠다고 하였으나 실제적으로는 이전처럼 서로 원수지간이었다.

○二十九年, 春二月에 遣兵攻〈新羅〉〈椵岑城〉
이 십 구 년 춘 이 월   견 병 공 신 라   가 잠 성
이나 不克而還하다.
불 극 이 환

▷ **본문풀이** ◁

29년, 봄 2월에 군사를 보내 〈신라〉의 〈가잠성〉을 공격하였으나 이기지 못하고 돌아왔다.

○三十年, 秋,九月에 遣使入〈唐〉하여 朝貢하다.
삼 십 년 추 구 월   견 사 입 당   조 공

▷ 본문풀이 ◁

30년, 가을 9월에 〈당〉나라에 사신을 보내 조공하였다.

○三十一年, 春,二月에 重修〈泗沘:扶餘〉之宮하
삼 십 일 년 춘 이 월   중 수 사 비   지 궁

다. 王이 幸〈熊津城〉하다. 夏旱으로 停〈泗沘〉之役
왕   행 웅 진 성   하 한   정 사 비 지 역

하다. 秋,七月에 王이 至自〈熊津〉하다.
추 칠 월   왕   지 자 웅 진

▷ 본문풀이 ◁

31년, 봄 2월에 〈사비〉의 궁전을 중수하였다. 왕이 〈웅진성〉
으로 갔다. 여름에, 가뭄이 들어 〈사비〉의 궁전을 중수하는 일을
중지하였다. 가을 7월에, 왕이 〈웅진〉에서 돌아왔다.

○三十二年, 秋,九月에 遣使入〈唐〉하여 朝貢하
삼 십 이 년 추 구 월   견 사 입 당   조 공

다.

▷ 본문풀이 ◁

32년, 가을 9월에 〈당〉나라에 사신을 보내 조공하였다.

○三十三年, 春.正月에 封.元子「義慈」하여 爲.太子하다. 二月에 改築〈馬川城:위치 미상〉하다. 秋.七月에 發兵.伐〈新羅〉나 不利하다. 王이 田于〈生草:위치 미상〉之原하다. 冬.十二月에 遣使入〈唐〉하여 朝貢하다.

▷ 본문풀이 ◁

33년, 봄 정월에 맏아들 「의자」를 태자로 책봉하였다. 2월에, 〈마천성〉을 고쳐 쌓았다. 가을 7월에, 군사를 동원하여 〈신라〉를 공격하였으나 불리하였다. 왕이 〈생초〉 벌판에서 사냥하였다. 겨울 12월에, 〈당〉나라에 사신을 보내 조공하였다.

○三十四年, 秋.八月에 遣將攻〈新羅〉〈西谷城:위치 미상〉하여 十三日.拔之하다.

▷ 본문풀이 ◁

34년, 가을 8월에 장수를 보내 〈신라〉의 〈서곡성〉을 공격하여 13일 만에 함락시켰다.

○三十五年, 春.二月에 〈王興寺:扶餘 窺岩面〉成하

다. 其寺臨水(錦江의 支流)하고 彩飾壯麗하다. 王每
　　기 사 임 수　　　　　　　　　　채 식 장 려　　　　왕 매

乘舟하고 入寺行香하다. 三月에 穿池於宮南하고
승 주　　　　입 사 행 향　　　　삼 월　　　천 지 어 궁 남

引水,二十餘里하여 四岸植以,楊柳하고 水中築,島
인 수 이 십 여 리　　　　사 안 식 이 양 류　　　수 중 축 도

嶼하여 擬〈方丈仙山〉하다.
서　　　　의　　방 장 선 산

▶ 어려운 낱말 ◀

[彩飾壯麗(채식장려)] : 화려하고 아름답게 꾸며서.　[行香(행향)] : 절에 가서 향을 피우며 기도를 올리다.　[穿池(천지)] : 연못을 파다.　[方丈仙山(방장선산)] : 봉래산, 영주 삼신산의 하나.

▷ 본문풀이 ◁

　35년, 봄 2월에 〈왕흥사〉가 준공되었다. 그 절은 강가에 있었으며, 채색 장식이 웅장하고 화려하였다. 왕이 매번 배를 타고 절에 들어가서 향을 피웠다. 3월에, 대궐 남쪽에 못을 파서 20여 리 밖에서 물을 끌어들이고, 사면 언덕에 버들을 심고 물 가운데 〈방장선산〉을 흉내 낸 섬을 쌓았다.

○三十七年, 春,二月에 遣使入〈唐〉하여 朝貢하
　삼 십 칠 년　춘 이 월　　　견 사 입 당　　　　조 공

다. 三月에 王이 率,左右臣寮하고 遊燕於〈泗沘
　　삼 월　　왕　　솔 좌 우 신 료　　　유 연 어 사 비

河〉北浦하다. 兩岸,奇巖怪石,錯立하고 間以奇花
하 북 포　　　　양 안 기 암 괴 석 착 립　　　간 이 기 화

異草하여 如畫圖하다. 王이 飮酒極歡하여 鼓琴自
이초   여화도   왕 음주극환   고금자

歌하고 從者屢舞하다. 時人이 謂其地를 爲〈大王
가   종자누무   시인이 위기지   위 대왕

浦〉라 하다. 夏五月에 王이 命將軍「于召」하여 帥
포   하오월   왕 명장군 우소   솔

甲士五百으로 往襲〈新羅〉〈獨山城:위치 미상〉하다.
갑사오백   왕습 신라   독산성

「于召」至〈玉門谷:女根谷〉하니 日暮라 解鞍休士하
우소 지 옥문곡   일모   해안휴사

다. 〈新羅〉將軍「閼川」이 將兵하여 掩至鏖擊之하
신라 장군 알천   장병   엄지오격지

다. 「于召」登大石上하여 彎弓拒戰하다가 矢盡하
우소 등 대석상   만궁거전   시진

여 爲所擒하다. 六月에 旱하다. 秋八月에 燕群臣
위 소금   유월 한   추팔월   연군신

於〈望海樓〉하다.
어 망 해루

▶ 어려운 낱말 ◀

[錯立(착립)] : 섞이어 서있음. [如畫圖(여화도)] : 그림 같음. [飮酒極歡(음주극
환)] : 술을 마시고 지극히 즐거워함. [屢舞(누무)] : 여럿이 춤을 추다. [鏖擊
(오격)] : 무찔러 치다. [彎弓(만궁)] : 활을 당기다.

▷ 본문풀이 ◁

37년, 봄 2월에 〈당〉나라에 사신을 보내 조공하였다. 3월에,
왕이 측근 신하들을 데리고 〈사비하〉 북쪽 포구에서 잔치를 베
풀었다. 양 언덕에 기암괴석이 서있고, 그 사이에 진기한 화초가
있어 마치 그림 같았다. 왕이 술을 마시고 몹시 즐거워하여, 거문

고를 켜면서 노래를 부르고 수행한 자들도 여러 번 춤을 추었다. 당시 사람들이 그곳을 〈대왕포〉라고 불렀다. 여름 5월에, 왕이 장군 「우소」에게 명령하여 갑병 5백 명을 거느리고 〈신라〉의 〈독산성〉을 공격하게 하였다. 「우소」가 〈옥문곡〉에 이르렀을 때 해가 저물어 그는 안장을 풀고 군사를 쉬게 하였다. 그때 〈신라〉 장군 「알천」이 군사를 거느리고 몰래 기습하여 왔다. 「우소」가 큰 돌 위에 올라서서 활을 쏘면서 대항하여 싸우다가 화살이 모두 떨어지자 그들에게 사로잡혔다. 6월에, 가뭄이 들었다. 가을 8월에, 왕이 〈망해루〉에서 군신들과 잔치를 베풀었다.

○三十八年, 春二月에 王都地震하다. 三月에
   삼 십 팔 년 춘 이 월   왕 도 지 진   삼 월
又震하다. 冬十二月에 遣使入〈唐〉하여 獻鐵甲雕
우 진   동 십 이 월   견 사 입 당   헌 철 갑 조
斧하다. 『太宗』이 優勞之하여 賜錦袍幷彩帛三
부   태 종   우 로 지   사 금 포 병 채 백 삼
千段하다.
천 단

▶ **어려운 낱말** ◀

[鐵甲雕斧(철갑조부)] : 철갑옷과 조각한 도끼. [優勞(우로)] : 넉넉히 위로하다. [錦袍幷彩帛(금포병채백)] : 비단 도포와 무색 비단.

▷ **본문풀이** ◁

38년, 봄 2월에 서울에서 지진이 있었다. 3월에, 다시 여진이 있었다. 겨울 12월에, 〈당〉나라에 사신을 보내 철갑옷과 조각한

도끼를 바치니, 『태종』이 사신을 우대하고 위로하여 비단 도포와 채색 비단 3천 단을 주었다.

○三十九年, 春三月에 王이 與嬪御泛舟大池
　　삼 십 구 년　춘 삼 월　　왕　　여 빈 어 범 주 대 지
하다.

▶ 어려운 낱말 ◀

[嬪御泛舟(빈어범주)] : 嬪婦(후궁)들과 배를 띄우고 놀다.

▷ 본문풀이 ◁

39년, 봄 3월에 왕이 궁녀들과 함께 큰 못에 배를 띄워 놀았다.

○四十年, 冬十月에 又遣使於〈唐〉하여 獻金
　　사 십 년　동 시 월　　우 견 사 어 당　　　헌 금
甲雕斧하다.
갑 조 부

▷ 본문풀이 ◁

40년, 겨울 10월에 다시 〈당〉나라에 사신을 보내 철갑옷과 조각한 도끼를 바쳤다.

○四十一年, 春正月에 星孛又西北하다. 二月
　　사 십 일 년　춘 정 월　　성 패 우 서 북　　　이 월
에 遣子弟於〈唐〉하여 請入〈國學〉하다.
　　견 자 제 어 당　　　청 입 국 학

▷ 본문풀이 ◁

41년, 봄 정월에 혜성이 서북쪽에 나타났다. 2월에, 자제들을 〈당〉나라에 보내 국학에 입학시켜 줄 것을 요청하였다.

○四十二年, 春.三月에 王薨하다. 諡曰「武」라 하다. 使者入〈唐〉하여 素服奉表曰, "君外臣「扶餘璋」卒하나이다." 하니 帝가 擧哀〈玄武門〉하여 詔曰, "懷遠之道는 莫先於寵命하고 飾終之義는 無隔於遐方이라. 故, '柱國〈帶方郡〉公〈百濟〉王「扶餘璋」'은 棧山航海하여 遠稟正朔하고 獻琛奉牘하여 克固始終이라 奄致薨殞하니 追深愍悼로다. 宜加常數하여 式表哀榮(슬픈제전)하여 贈「光祿大夫」하노라." 하고 賻賜甚厚하다.

▶ 어려운 낱말 ◀

[素服奉表(소복봉표)] : 흰옷을 입고 표문을 올리다. [君外臣(군외신)] : 君은 백제왕을 뜻하고, 外臣은 당나라에 대한 죽은 武王을 일컫은 말. [擧哀(거애)] : 애도식. [棧山航海(잔산항해)] : 험한 산과 바다를 건너. [遠稟正朔(원품정삭)] : 멀리서 정삭을 받음. [獻琛奉牘(헌침봉독)] : 공물을 바치고 표문을 올림. [奄致薨殞(엄치훙운)] : 문득 돌아가시니. [追深愍悼(추심민도)] : 깊이 추도하는

바다. [哀榮(애영)] : 슬픈 祭典. [賻賜甚厚(부사심후)] : 부의를 심하게 하다.

▷ **본문풀이** ◁

    42년, 봄 3월에 왕이 서거하였다. 시호를 「무」라고 하였다. 사신이 〈당〉나라에 가서 소복을 입고 표문을 바쳐 "임금의 번신 「부여장」이 졸하였습니다."라고 알렸다. 황제는 〈현무문〉에서 추도의식을 거행하고 조서를 보내 이르기를 "먼 나라를 사랑하는 방도는 총명(寵命)보다 나은 것이 없고, 죽은 자를 표창하는 의리는 먼 곳이라 하여 막혀 있는 것이 아니다. 고(故) '주국〈대방군〉왕〈백제〉왕「부여장」'은 산을 넘고 바다 건너 멀리까지 와서 정삭을 받고, 공물을 바치고 표문을 올리기를 한결같이 하더니, 갑자기 죽음을 당하여 그를 깊이 추도한다. 마땅히 상례 이상으로 영전을 표하여 「광록대부」를 추증하노라." 하고, 부의를 매우 후하게 보냈다.

31 | 義慈王(의자왕) : 641~660

○『義慈王』은 『武王』之元子로 雄勇膽決하다.
   의 자 왕   무 왕 지원자   웅 용 담 결

『武王』在位.三十三年에 立爲太子하여 事親以孝
 무 왕 재위 삼십삼년   입위태자   사 친 이 효

하고 與兄弟以友하여 時號「海東曾子」라 하다. 『武
　　　여 형제이우　　　시호 해동증자　　　　　　무

王』薨하니 太子嗣位하다. 『太宗』이 遣祠部郎中
왕 훙　　　태자사위　　　　태종　　　견사부랑중

「鄭文表」하여 冊命爲 '柱國〈帶方郡〉王〈百濟〉
정문표　　　책명위　주국 대방군 왕 백제

王'하다. 秋八月에 遣使入〈唐〉하여 表謝하고 兼
왕　　　추팔월　견사입 당　　　표사　　　겸

獻方物하다.
헌 방물

▶ 어려운 낱말 ◀

[雄勇膽決(웅위담결)] : 웅위하고 용감하며 담력과 결단성이 있음. [表謝(표
사)] : 글을 써서 감사를 전함. [方物(방물)] : 그 지방에서 생산되는 물건.

▷ 본문풀이 ◁

　『의자왕』은 『무왕』의 맏아들로서 용감하고 대담하며 결단성
이 있었다. 『무왕』 재위 33년에 태자가 되었는데, 부모에게 효도
하고, 형제간에 우애가 있어서 당시에 「해동증자」라고 불렸다.
『무왕』이 죽으니, 태자가 왕위를 이었다. 〈당〉나라 『태종』이 사
부랑중 「정문표」를 보내 왕을 '주국〈대방군〉왕〈백제〉왕' 으로
책봉하였다. 가을 8월에, 〈당〉에 사신을 보내 사의를 표하고 아
울러 방물을 바쳤다.

　○二年, 春正月에 遣使入〈唐〉하여 朝貢하다. 二
　　이 년 춘정월　견사입 당　　　조공　　이

月에 王이 巡撫州郡하다. 慮囚하여 除死罪皆原
월　　왕　　순무주군　　　　　여수　　　　　제사죄개원

之하다. 秋七月에 王이 親帥兵하여 侵〈新羅〉하여
지　　　추칠월　　왕　　친솔병　　　　침신라

下〈攊猴:위치 미상〉等, 四十餘城하다. 八月에 遣將
하　미후　　　　　　등　사십여성　　　　팔월　　견장

軍「允忠」하여 領兵一萬으로 攻〈新羅〉〈大耶城:陜
군　윤충　　　　영병일만　　　공　신라　　대야성

川〉하다. 城主「品釋」이 與妻子로 出降하다. 「允
　　　　성주품석　　　여처자　　출항　　　　윤

忠」이 盡殺之하고 斬其首하여 傳之王都하다. 生
충　　진살지　　　참기수　　　전지왕도　　　생

獲男女一千餘人하여 分居國西州縣하고 留兵守
획남녀일천여인　　　분거국서주현　　　유병수

其城하다. 王이 賞「允忠」功하여 馬二十四과 穀
기성　　　왕　　상윤충공　　　　마이십필　　곡

一千石하다.
일천석

▶ 어려운 낱말 ◀

[巡撫(순무)] : 순행하면서 백성들을 위로함. [慮囚(여수)] : 죄수를 심사하다.

[生獲(생획)] : 생포하다. [下(하)] : 함락.

▷ 본문풀이 ◁

　2년, 봄 정월에 〈당〉나라에 사신을 보내 조공하였다. 2월에,
왕이 주, 군을 순행했다. 백성들을 위무하고 죄수들을 심사하여
사형수를 제외하고는 모두 석방해 주었다. 가을 7월에, 왕이 직
접 군사를 거느리고 〈신라〉를 침공하여 〈미후〉 등 40여 성을 함

락시켰다. 8월에, 장군 「윤충」을 보내 군사 1만 명을 거느리고 〈신라〉의 〈대야성〉을 공격하였다. 성주 「품석」이 처자를 데리고 나와 항복했다. 「윤충」이 그들을 모두 죽이고, 그의 목을 베어 왕도에 보내고, 남녀 1천여 명을 사로잡아 서쪽 지방의 주, 현에 나누어 살게 하고 군사를 남겨 그 성을 지키게 하였다. 왕이 「윤충」의 공로를 표창하여 말 20필과 곡식 1천 석을 주었다.

○三年, 春正月에 遣使入〈唐〉하여 朝貢하다.

冬十一月에 王이 與〈高句麗〉로 和親하고 謀欲取〈新羅〉〈党項城:남양〉하여 以塞入朝之路하고 遂發兵攻之하다. 〈羅〉王 「德曼:선덕왕」이 遣使하여 請救於〈唐〉하니 王이 聞之하고 罷兵하다.

▶ 어려운 낱말 ◀

[入朝之路(입조지로)] : 당나라로 들어가는 길. [罷兵(파병)] : 군사를 거두어들임.

▷ 본문풀이 ◁

3년, 봄 정월에 〈당〉나라에 사신을 보내 조공하였다. 겨울 11월에, 왕이 〈고구려〉와 화친을 맺었다. 그것은 〈신라〉의 〈당항성〉을 빼앗아 신라가 당나라로 조공하러 가는 길을 막고 드디어 군사를 출동시켜 신라를 공격하였다. 〈신라〉왕 「덕만」이 〈당〉나라에 사신을 보내 구원을 요청하니, 왕이 이 사실을 듣고 군사를 철수 시켰다.

○四年, 春正月에 遣使入〈唐〉하여 朝貢하다.
「太宗」이 遣,司農丞「相里玄奬」하여 告諭兩國하 니 王이 奉表陳謝하다. 立,王子「隆」하여 爲,太子하 다. 大赦하다. 秋,九月에 〈新羅〉將軍「庚信」이 領 兵來侵하여 取七城하다.

▶ 어려운 낱말 ◀

[告諭(고유)] : 타이르다. [奉表陳謝(봉표진사)] : 글을 올려 사죄함.

▷ 본문풀이 ◁

4년, 봄 정월에 〈당〉나라에 사신을 보내 조공하다. 「태종」이 사농승 「상리현장」을 보내 두 나라를 타이르니, 왕이 표문을 올려 사죄하였다. 왕의 아들 「융」을 태자로 삼았다. 죄수들을 대사면 하였다. 가을 9월에, 〈신라〉 장군 「유신」이 군사를 거느리고 침입 하여 일곱 성을 빼앗았다.

○五年, 夏五月에 王이 聞『太宗』이 親征〈高句

麗〉함에 徵兵〈新羅〉하다. 乘其間하여 襲取〈新羅〉七
城하다. 〈新羅〉遣將軍「庾信」하여 來侵하다.

▷ 본문풀이 ◁

5년, 여름 5월에 왕이 『태종』이 직접 〈고구려〉를 칠 때, 〈신라〉
에서 군사를 징발하였다. 그 짬을 타서 〈신라〉를 습격하여 7개 성
을 빼앗았다. 〈신라〉에서 장군 「유신」을 보내 침공하였다.

○七年, 冬十月에 將軍「義直」이 帥步騎三千하
여 進屯〈新羅〉〈茂山城〉下하여 分兵攻〈甘勿:金陵
郡〉,〈桐岑:위치 미상〉二城하니 〈新羅〉將軍「庾信」이
親勵士卒하여 決死而戰하여 大破之하다. 「義直」
이 匹馬而還하다.

▷ 본문풀이 ◁

7년, 겨울 10월에 장군 「의직」이 보병과 기병 3천 명을 거느리
고 〈신라〉의 〈무산성〉 아래에 주둔하여, 군사를 나누어 〈감물〉
과 〈동잠〉 두 성을 공격하니, 〈신라〉 장군 「유신」이 직접 군사들
을 격려하며 결사적으로 싸워서 아군을 크게 격파시키니 「의직」
이 필마로 돌아왔다.

○八年, 春.三月에 「義直」이 襲取〈新羅〉西鄙
〈腰車:尙州 舊要濟院?〉等, 一十餘城하다. 夏.四月에
進軍於〈玉門谷〉하니 〈新羅〉將軍「庾信」이 逆之
하여 再戰大敗之하다.

▷ 본문풀이 ◁

8년, 봄 3월, 「의직」이 〈신라〉 서부 변경의 〈요거〉 등 10여 성
을 습격하여 빼앗았다. 여름 4월에, 〈옥문곡〉으로 진군하니, 〈신
라〉 장군 「유신」이 이들과 두 번째 전투를 벌여 크게 패배시켰다.

○九年, 秋.八月에 王이 遣左將「殷相」하여 帥.
精兵七千하고 攻取〈新羅〉〈石吐〉等.七城하다.
〈新羅〉將 「庾信」과 「陳春」과 「天存」과 「竹旨」等
이 逆擊之하나 不利하고 收.散卒하여 屯於〈道薩
城:지금의 천안〉下하여 再戰하니 我軍敗北하다. 冬.
十一月에 雷하고 無氷하다.

▷ 본문풀이 ◁

9년, 가을 8월에 왕이 좌장 「은상」을 보내 정예 군사 7천 명을

거느리고 〈신라〉의 〈석토〉 등 일곱 성을 공격하여 빼앗게 하였다. 〈신라〉 장군 「유신」, 「진춘」, 「천존」, 「죽지」 등이 이를 맞아 공격하였으나 불리해지자, 흩어진 군사들을 다시 모아 〈도살성〉 아래 진을 치고 재차 싸웠는데, 우리 군사가 패배하였다. 겨울 11월에, 우레가 쳤고, 얼음이 얼지 않았다.

○十一年, 遣使入〈唐〉하여 朝貢하다. 使還에
십일년   견사입 당   조공   사환

「高宗」이 降聖書하여 諭王曰, "海東三國이 開基
고종   강새서   유왕왈 해동삼국   개기

日久라 並列疆界하여 地實犬牙라. 近代已來로
일구   병렬강계   지실견아   근대이래

遂構嫌隙하여 戰爭交起하니 略無寧歲라 遂令
수구혐극   전쟁교기   약무녕세   수령

〈三韓〉之氓으로 命懸刀俎하고 築戈肆憤이 朝夕
삼한 지맹   명현도조   축과사분   조석

相仍이라. 朕은 代天理物이니 載深矜憫이로다. 去
상잉   짐 대천리물   재심긍민   거

歲에 〈高句麗〉,〈新羅〉等使가 並來入朝에 朕은
세   고구려   신라 등사   병래입조   짐

命,釋玆讎怨하고 更敦款睦이어늘 〈新羅〉使「金法
명 석자수원   경돈관목   신라 사 김법

敏:무열왕의 아들로 뒤에 문무왕임」이 奏言하되, "〈高句
민   주언   고구

麗〉,〈百濟〉가 脣齒相依하여 竟擧干戈하고 侵逼
려   백제   순치상의   경거간과   침핍

交至하여 大城重鎭이 並爲〈百濟〉所倂하여 疆宇
교지   대성중진   병위 백제 소병   강우

日蹙하고 威力並謝라 乞詔〈百濟〉하여 令歸所侵
일축   위력병사   걸조 백제   영귀소침

之城하소서 若不奉詔어시든 卽,自興兵打取나 但
지 성 약 부 봉 조 즉 자 흥 병 타 취 단

得古地면 卽請交和이리다." 하므로 朕은 以其言이
득 고 지 즉 청 교 화 짐 이 기 언

旣順이라 不可不許리라. 昔에 〈濟〉「桓公」은 列士
기 순 불 가 불 허 석 제 환 공 열 사

諸侯나 尚存亡國하여 況朕은 萬國之主로 豈可不,
제 후 상 존 망 국 황 짐 만 국 지 주 기 가 불

恤危藩이리오! 王은 所兼〈新羅〉之城을 並宜還
휼 위 번 왕 소 겸 신 라 지 성 병 의 환

其本國하며 〈新羅〉所獲〈百濟〉俘虜를 亦遣還王
기 본 국 신 라 소 획 백 제 부 로 역 견 환 왕

하라. 然後에 解患釋紛하고 韜戈偃革하면 百姓은
연 후 해 환 석 분 도 과 언 혁 백 성

獲,息肩之願하고 三藩이 無,戰爭之勞라. 比夫流
획 식 견 지 원 삼 번 무 전 쟁 지 로 비 부 유

血邊亭하고 積屍疆場하며 耕織並廢하여 士女無
혈 변 정 적 시 강 장 경 직 병 폐 사 녀 무

聊가 豈可同年而語哉아? 王이 若,不從進止면 朕
료 기 가 동 년 이 어 재 왕 약 부 종 진 지 짐

은 已依「法敏」所請으로 任其與王,決戰하리라 亦
이 의 법 민 소 청 임 기 여 왕 결 전 역

令約束〈高句麗〉하여 不許遠相救恤하리라. 〈高句
령 약 속 고 구 려 불 허 원 상 구 휼 고 구

麗〉가 若不承命이면 卽令〈契丹〉諸藩으로 度〈遼〉
려 약 불 승 명 즉 령 거 란 제 번 도 요

하여 深入抄掠하리니 王은 可,深思朕言하고 自求
심 입 초 략 왕 가 심 사 짐 언 자 구

多福하고 審圖良策하여 無貽後悔하라." 하다.
다 복 심 도 량 책 무 이 후 회

▶ 어려운 낱말 ◀

[諭王曰(유왕왈)] : 왕에게 타일러 말하기를. [開基日久(개기구일)] : 개국한 지가 오래됨. [並列疆界(병렬강계)] : 국경을 나란히 함. [地實犬牙(지실견아)] : 땅이 견아처럼 세력을 이루고 있음. [刀俎(도조)] : 칼과 도마. [築戈肆憤(축과사분)] : 무기를 쌓아 방자하게 분을 발함. [肆] : 방자할(사). [代天理物(대천리물)] : 하늘을 대신하여 사물을 다스림. [載深矜憫(재심긍민)] : 매우 민망하고 애달프게 여김. [釋玆讎怨(석자수원)] : 원수와 원망을 풀다. [竟擧干戈(경거간과)] : 마침내 무기를 들고. [侵逼交至(침핍교지)] : 번갈아 침략하다. [疆宇日蹙(강우일축)] : 강토가 날로 줄어들다. [蹙] : 줄어들(축). [解患釋紛(해환석분)] : 환란과 분규를 풀다. [韜戈偃革(도과언혁)] : 무기를 거두어들임. [韜] : 감출(도). [偃革(언혁)] : 무기를 없애다. [息肩之願(식견지원)] : 몸을 쉴 수 있는 소원을 얻다. [比夫(비부)] : 저기 저. [無聊(무료)] : 근심이 있어 아무 즐거움이 없음. [豈可同年而語哉(기가동년이어재)] : ~와 어찌 한가지로 말할 수 있으랴. [不從進止(부종진지)] : 처사에 따르지 않으면. [無貽後悔(무이후회)] : 후회를 끼치는 일이 없도록 하라.

▷ 본문풀이 ◁

11년에 〈당〉나라에 사신을 보내 조공하였다. 사신이 돌아올 때 「고종」이 조서를 보내 왕에게 타일러 말하기를, "해동의 세 나라는 개국의 역사가 오래되고 국토가 나란히 붙어 있으니, 국경이 복잡하게 얽혀 있는 상태이다. 근대 이래로 마침내 사이가 벌어져 전쟁이 계속 일어나니 거의 편안한 해가 없었다. 이에 따라 〈삼한〉백성들은 목숨을 도마 위에 올려놓은 상황이 되었으며, 무기를 쌓아 놓고 분노하는 일이 아침저녁으로 이어졌다. 나는 하늘을 대신하여 만물을 다스리는 입장이니, 이를 매우 가엾게 여기는 바이다. 지난해에 〈고구려〉와 〈신라〉의 사신들이 함께 와서 입조하였을 때, 나는 이와 같은 원한을 풀고 다시 화목하게 지내기를 명하였거늘 〈신라〉 사신 「김법민」이 말하기를 "〈고구려〉와 〈백제〉는 긴밀히 의지하면서 군사를 일으켜 번갈아 우리를 침략하니, 우리의 큰 성과 중요한 진은 모두 백제에게 빼앗겨서, 국토는 날로 줄어들고 나라의 위엄조차 사라져 갑니다. 원컨대, 〈백제〉에 조칙을 내려 빼앗아 간 성을 돌려주게 하소서. 만일 명령에 복종하지 않는다면 즉시 우리 스스로 군사를 동원하여 잃었던 옛 땅만을 되찾고 즉시 화친을 맺겠습니다."라고 하였다. 그의 말이 순리에 맞았기 때문에 나는 승낙하지 않을 수 없었다. 옛날 〈제〉「환공」은 제후의 위치에 있으면서도 멸망하는 나라를 구원하였는데, 하물며 나는 만국의 군주로서 어찌 위급하게 된 번방을 구제하지 않으랴! 왕은 빼앗은 〈신라〉의 성을 모두 돌려주어야 하며, 〈신라〉도 사로잡은 〈백제〉 포로들을 왕에게 돌려보내야 한다. 그렇게 한 후에야 근심이 풀리고 분규가 해결될 것이니, 전쟁이 끝나면 백성들은 쉬고 싶어 하는 소망을 이룰 것이며, 세 번방(藩邦)은 전쟁의 괴로움을 잊을 것이다. 이러한 상황이, 변경에서 피 흘리고 국토 전역에 시체가 쌓이며, 농사와 길쌈을 모두 폐한 채, 남녀가 슬퍼하는 것과 어찌 같다고 말할 수 있으랴? 왕이 만일 이 분부를 따르지 않는다면, 나는 「법민」의 요청대로 〈신라〉가 왕과 결전하도록 할 것이며, 또한 〈고구려〉로 하여금 〈신라〉와 약속하여 〈백제〉를 구원하지 못하게 할 것이다. 〈고구려〉가 만일 명령을 거역한다면 즉시 〈거란〉과 모든 번방 국가들에게 명령하여 〈요수〉를 건너가서 공격케 할 것이니, 왕은 나의 말을 깊이 성찰하여 스스로 많은

복을 얻도록 할 것이며, 좋은 방책을 찾아 후회함이 없도록 하라."고 했다.

○ 十二年, 春.正月에 遣使入〈唐〉하여 朝貢하다.
　　십 이 년　춘 정 월　　　견 사 입　당　　　　조 공

▷ 본문풀이 ◁

12년, 봄 정월에 〈당〉나라에 사신을 보내 조공하였다.

○ 十三年, 春에 大旱하여 民饑하다. 秋.八月에
　　십 삼 년　춘　　대 한　　　민 기　　　　추 팔 월
王이 與〈倭〉國으로 通好하다.
왕　여 왜 국　　　　통 호

▷ 본문풀이 ◁

13년, 봄에 큰 기근이 들어 백성들이 굶주렸다. 가을 8월에, 왕이 〈왜국〉과 우호 관계를 맺었다.

○ 十五年, 春.二月에 修.太子宮하여 極侈麗하다.
　　십 오 년　춘 이 월　　수 태 자 궁　　　극 치 려
立〈望海亭〉於.王宮南하다. 夏.五月에 騂馬(:붉은
입 망 해 정 어 왕 궁 남　　　하 오 월　　성 마
말)가 入〈北岳〉〈烏含寺〉하여 鳴匝佛宇.數日死하
　　　입 북 악　오 함 사　　　명 잡 불 우 수 일 사
다. 秋.七月에 重修〈馬川城:韓山?〉하다. 八月에 王
추 칠 월　　중 수 마 천 성　　　　　　팔 월　　왕

이 與〈高句麗〉,〈靺鞨〉로 攻破〈新羅〉三十餘城하
여 고구려 말갈 공파신라 삼십여성
다.〈新羅〉王「金春秋」가 遣使하여 朝〈唐〉하고 表
신라 왕 김춘추 견사 조당 표
稱하되 "〈百濟〉가 與〈高句麗〉,〈靺鞨〉로 侵我北界
칭 백제 여 고구려 말갈 침아북계
하여 沒.三十餘城이라."하다.
몰 삼십여성

▶ 어려운 낱말 ◀

[極侈麗(극치려)] : 지극히 사치하고 화려함. [騂馬(성마)] : 붉은 말. [鳴匝(명
잡)] : 울면서 돌다. [匝] : 돌(잡). [佛宇(불우)] : 불당.

▷ 본문풀이 ◁

15년, 봄 2월에 태자의 궁을 수리하는데 대단히 사치스럽고 화
려하게 하였으며, 왕궁 남쪽에 〈망해정〉을 건축하였다. 여름 5월
에, 붉은 말이 북악 〈오함사〉에 들어와서 불당을 돌면서 울다가
며칠 후에 죽었다. 가을 7월에, 〈마천성〉을 중수하였다. 8월에,
왕이 〈고구려〉,〈말갈〉과 함께 〈신라〉의 30여 성을 공격하여 함
락시켰다. 〈신라〉 왕 「김춘추」가 〈당〉나라에 사신을 보내 표문을
올려 "〈백제〉,〈고구려〉,〈말갈〉 등이 우리의 북쪽 국경에 침입
하여 30여 성을 함락시켰다."고 하였다.

○十六年, 春.三月에 王이 與.宮人으로 淫荒耽
십육년 춘삼월 왕 여궁인 음황탐
樂하여 飮酒不止하다. 佐平「成忠」[或云「淨忠」.]이 極
락 음주부지 좌평 성충 극

諫하니 王怒하여 囚之獄中하니 由是로 無敢言者
간　　왕노　　　수지옥중　　　유시　　무감언자

하다.「成忠」瘦死에 臨終上書曰, "忠臣은 死不
　　　성충　수사　　임종상서왈　　　충신　　사불

忘君이라 願一言而死하노이다. 臣이 常觀時察變
망군　　　원일언이사　　　　　신　　상관시찰변

하니 必有兵革之事하리니 凡用兵에 必審擇其地
　　　필유병혁지사　　　　범용병　　필심택기지

하여 處上流以迎敵하소서. 然後에야 可以保全하
　　　처상류이영적　　　　연후　　　가이보전

리다. 若異國兵來면 陸路不使過〈沈峴(炭峴)〉이요,
　　　약이국병래　　육로불사과　침현

水軍은 不使入〈伎伐浦(白江)〉之岸하여 擧其險
수군　　불사입　기벌포　　　　지안　　거기험

隘以禦之하소서. 然後에야 可也니다." 하다. 王이
애이어지　　　　　연후　　　가야　　　　　왕

不省焉하다.
불성언

▶ 어려운 낱말 ◀

[淫荒耽樂(음황탐락)] : 음탕하여 향락에 빠지다.　[極諫(극간)] : 지극히 간함.
[瘦死(수사)] : 메말라 죽게 되다.

▷ 본문풀이 ◁

　16년, 봄 3월에 왕이 궁녀들을 데리고 음란과 향락에 빠져서 술
마시기를 그치지 않았다. 좌평「성충」【혹은「정충」이라고도 한다.】이
적극적으로 간언을 드리니 왕이 노하여 그를 옥에 가두니, 이로
말미암아 감히 간하려는 자가 없었다.「성충」은 옥에서 메말라 죽
으면서 왕에게 글을 올려 말하기를, "충신은 죽어도 임금을 잊지

않는 것이니 한 마디 말만 하고 죽겠습니다. 신(臣)이 항상 형세의 변화를 관찰하니 전쟁이 틀림없이 일어날 것 같으니, 무릇 전쟁에는 반드시 지형을 잘 선택해야 하는데, 상류에서 적을 맞으소서. 그래야만 군사를 보전할 수 있습니다. 만일 다른 나라 군사가 오거든 육로로는 〈침현:탄현〉〉을 지나지 못하게 하고, 수군은 〈기벌포:백마강〉〉의 언덕으로 들어오지 못하게 하여서 험준한 곳에 의거하여 방어하소서. 그런 다음에야 가히 방어할 수 있습니다." 하였다. 그러나 왕은 이를 살펴보지도 않았다.

○十七年, 春.正月에 拜.王庶子四十一人을 爲.
佐平하여 各賜食邑하다. 夏四月에 大旱하여 赤地
하다.

▷ **본문풀이** ◁

17년, 봄 정월에 왕의 서자 41명을 좌평으로 임명하여 그들에게 각각 식읍을 주었다. 여름 4월에, 큰 가뭄이 들어 논밭이 붉게 타들어갔다.

○十九年, 春.二月에 衆狐入.宮中하여 一.白狐
가 坐.上佐平書案하다. 夏四.月에 太子宮에서 雌

鷄가 與小雀으로 交하다. 遣將侵攻〈新羅〉〈獨山:
계　　여소작　　교　　　　견장침공신라　　독산

위치 미상〉,〈桐岑:위치 미상〉二城하다. 五月에 王都西
　　　　　동잠　　　　　　　　이성　　　오월　　왕도서

南〈泗沘河:금강〉에 大魚出死하니 長三丈이라. 秋
남　사비하　　　대어출사　　　장삼장　　　추

八月에 有女屍하여 浮〈生草津:위치 미상〉하니 長
팔월　유녀시　　　부　생초진　　　　　　　장

十八尺이라. 九月에 宮中槐樹鳴하니 如人哭聲하
십팔척　　　구월　　궁중괴수명　　　여인곡성

다. 夜에 鬼哭於宮南路하다.
야　　귀곡어궁남로

▶ 어려운 낱말 ◀

[衆狐(중호)] : 여우 떼. [雌鷄(자계)] : 암탉. [小雀(소작)] : 참새.

▷ 본문풀이 ◁

　9년, 봄 2월에 여우 떼가 궁중에 들어 와서 흰 여우 한 마리가 상좌평의 책상에 올라앉았다. 여름 4월에, 태자궁에서 암탉과 참새가 교미하였다. 장수를 보내 〈신라〉의 〈독산〉, 〈동잠〉 두 성을 침공하였다. 5월에, 서울 도성 서남쪽 〈사비하〉에서 큰 고기가 나와 죽었는데, 길이가 세 발이었다. 가을 8월에, 여자 시체가 〈생초진〉에 떠내려 왔는데, 길이가 18척이었다. 9월에, 대궐 뜰에 있는 홰나무가 사람의 곡성처럼 소리 내어 울었으며, 밤에는 대궐 남쪽 길에서 귀곡성이 들려왔다.

○二十年, 春.二月에 王都井水.血色하다. 西海
濱에는 小魚出死어늘 百姓食之하여도 不能盡하다.
〈泗沘河〉水가 赤如血色하다. 夏.四月에 蝦蟆數
萬이 集於樹上하다. 王都市人이 無故驚走하여 如
有捕捉者로 僵仆而死百餘人하고 亡失財物이 不
可數러라. 五月에 風雨暴至하고 震.〈天王〉·〈道
讓〉二寺塔하고 又震〈白石寺〉講堂하다. 玄雲如
龍하여 東西 相鬪於空中하다. 六月에 〈王興寺〉衆
僧이 皆見하되 若有船楫이 隨.大水하여 入.寺門하
다. 有.一犬이 狀如野鹿하여 自西至〈泗沘河〉岸하
여 向.王宮吠之하고 俄而不知所去하다. 王都에 群
犬.集於路上하여 或吠或哭하다가 移時卽散하다.

▶ 어려운 낱말 ◀

[井水血色(정수혈색)] : 우물물이 핏빛으로 변함. [西海濱(서해빈)] : 서해 바닷
가. [赤如血色(적여혈색)] : 붉기가 핏빛과 같음. [蝦蟆(하마)] : 두꺼비와 개구
리. [僵仆(강부)] : 넘어져 죽은 시체.

　20년, 봄 2월에 서울의 우물이 핏빛으로 변했다. 서해에 조그만 물고기들이 나와 죽었는데 백성들이 먹어도 다 먹을 수 없이 많았다. 〈사비하〉의 물이 핏빛처럼 붉었다. 여름 4월에, 두꺼비 수만 마리가 나무 꼭대기에 모였다. 도성 사람들이 까닭도 없이 놀래 달아나니 누가 잡으러 오는 것 같았고, 그러다가 쓰러져 죽은 자가 1백여 명이나 되고, 재물을 잃어버린 자는 수도 없이 많았다. 5월에, 폭풍우가 몰아치고 〈천왕사〉와 〈도양사〉의 탑에 벼락이 쳤으며, 또한 〈백석사〉 강당에도 벼락이 쳤다. 검은 구름이 용처럼 공중에서 동서로 나뉘어 서로 싸우는 듯하였다. 6월에, 〈왕흥사〉의 여러 중들이 모두 배의 돛대와 같은 것이 큰물을 따라 절 문간으로 들어오는 것을 보았다고 했다. 들 사슴 같은 개한 마리가 있어 서쪽으로부터 〈사비하〉 언덕에 와서 왕궁을 향하여 짖고, 잠시 후에는 어디를 간지를 몰랐다. 왕도의 모든 개가 노상에 모여서 짖거나 울어대다가 얼마 후에 곧 흩어져 사라졌다.

[1] 有一鬼가 入宮中하여 大呼하되 "〈百濟〉亡이
　　　유 일 귀　　입 궁 중　　　　대 호　　　　　백 제 망

라 〈百濟〉亡이라!" 하고는 卽入地하니 王이 怪之
　　　백 제 망　　　　　　　　즉 입 지　　　왕　　괴 지

하여 使人掘地하니 深三尺許에 有一龜하다. 其背
　　　사 인 굴 지　　　심 삼 척 허　　유 일 구　　　기 배

有文曰, "〈百濟〉同月輪하고 〈新羅〉如月新이
유 문 왈　　　백 제 동 월 륜　　　신 라　여 월 신

라."하다. 王이 問之하니 巫者曰, "同.月輪者는 滿
         왕 문지   무자왈   동 월 륜 자 만
也니 滿則.虧라. 如.月新者는 未滿也니 未滿則.漸
야 만즉휴   여월신자 미만야   미만즉점
盈이라."하니 王이 怒殺之하다. 或曰, "同.月輪者
영   왕 노살지   혹왈 동 월 륜 자
는 盛也요, 如.月新者는 微也니라. 意者.國家盛이
  성야   여월신자 미야   의자국가성
요 而〈新羅〉는 寢微者乎인져." 하니 王喜하다. 『高
  이 신라 침미자호   왕희   고
宗』詔, 左衛大將軍「蘇定方」으로 爲.〈神丘〉道.行
종 조 좌위대장군 소정방   위 신구 도 행
軍大摠管하고 率.左衛將軍「劉伯英」과 右武衛將
군대총관   솔 좌위장군 유백영   우무위장
軍「馮士貴」와 左驍衛將軍「龐孝公」하여 統兵十
군 풍사귀   좌효위장군 방효공   통병십
三萬하여 以.來征하고 兼以〈新羅〉王.「金春秋」를
삼만   이 래정   겸이 신라 왕 김춘추
爲.〈嵎夷〉道.行軍摠管하고 將.其國兵하여 與之合
위 우이 도 행군총관   장 기국병   여지합
勢하다.
세

▶ 어려운 낱말 ◀

[深三尺許(심삼척허)] : 석 자 깊이쯤에. [同月輪(동월륜)] : 둥근 달과 같음.
[滿則虧(만즉휴)] : 차면 기울다. [漸盈(점영)] : 점점 차다. [如月新(여월신)] :
초승달과 같은 것은.

▷ 본문풀이 ◁

귀신이 하나, 대궐 안에 들어 와서 "〈백제〉가 망한다. 〈백제〉

가 망한다.”고 크게 외치다가 곧 땅속으로 들어가니, 왕이 이상하
게 생각하여 사람을 시켜 땅을 파게 하였다. 3자 쯤 파내려 가니
거북이 한 마리가 있었다. 그 등에 “〈백제〉는 둥근 달 같고, 〈신
라〉는 초승달 같다.”라는 글이 있었다. 왕이 무당에게 물으니, 무
당이 말하기를 “둥근 달 같다는 것은 가득찬 것이니, 가득 차면
기울며, 신월 같다는 것은 가득 차지 못한 것이니, 가득 차지 못
하면 점점 차게 된다.”고 하니, 왕이 노하여 그를 죽여 버렸다. 어
떤 자가 말하기를 “둥근 달 같다는 것은 왕성하다는 것이요, 초승
달 같다는 것은 미약한 것입니다. 뜻을 말하면, 우리나라는 왕성
하여지고 신라는 차츰 쇠약하여 간다는 것인가 합니다.”라고 하
니 왕이 기뻐하였다. 〈당〉나라 『고종』이 조서를 내려 좌위 대장군
「소정방」을 〈신구〉도 행군 대총관으로 임명하여, 좌위장군 「유백
영」과 우무위 장군 「풍사귀」와 좌효위 장군 「방효공」 등과 함께 군
사 13만 명을 거느리고 백제를 공격하게 하였다. 아울러 〈신라〉왕
「김춘추」를 〈우이〉도 행군 총관으로 임명하여 군사를 거느리고
당나라 군사와 합세하게 하였다.

[2] 「蘇定方」이 引軍하여 自〈城山〉濟海하여 至.
國西〈德物島:덕적도〉하다. 〈新羅〉王은 遣.將軍「金
庾信」하여 領.精兵五萬하고 以赴之하다. 王이 聞
之하고 會.郡臣하여 問.戰守之宜하다. 佐平「義直」

이 進曰, "〈唐〉兵은 遠涉溟海라 不習水者는 在船
必困하리니 當其初下陸하여 士氣未平에 急擊之
면 可以得志하리다. 〈新羅〉人은 恃大國之援으로
故有輕我之心하리니 若見〈唐〉人失利면 則必疑
懼하여 而不敢銳進이니다. 故로 知先與〈唐〉人決
戰이 可也니다." 하다. 達率「常永」等曰, "不然이
니다. 〈唐〉兵遠來하여 意欲速戰하리니 其鋒을 不
可當也요, 〈新羅〉는 前屢見敗於我軍이니 今望
我兵勢하고 不得不恐하므로 今日之計는 宜塞
〈唐〉人之路하여 以待其師老하고 先使偏師로 擊
〈羅〉軍하여 折其銳氣하고 然後에 伺其便而合戰하
면 則可得以全軍하여 而保國矣리다." 하니 王이 猶
豫하여 不知所從하다. 時에 佐平「興首」가 得罪하
여 流竄〈古馬彌知:지금의 장흥〉之縣하여 遣人問之
曰, "事急矣니 如之何而可乎아?" 하니 「興首」曰,
"〈唐〉兵旣衆하고 師律嚴明하여 況與〈新羅〉共謀

猗角(∶전후상응)하니 **若·對陣於平原廣野**하면 **勝敗**를
의 각   약 대 진 어 평 원 광 야   승 패

未可知也니다." 하다.
미 가 지 야

▶ 어려운 낱말 ◀

[問戰守之宜(문전수지의)] : 적을 방어할 대책을 묻다. [遠涉溟海(원섭명해)] :
멀리서 바다를 건너왔기에. [偏師(편사)] : 다른 한쪽 군사. [折其銳氣(절기예
기)] : 그 날카로운 기운을 끊음. [猶豫(유예)] : 주저하다. [不知所從(부지소
종)] : 어느 쪽을 따를지 알지 못함. [流竄(유찬)] : 귀양살이. [猗角(의각)] : 전
후가 상응하다.

▷ 본문풀이 ◁

「소정방」이 군사를 이끌고 〈성산〉에서 바다를 건너 나라 서쪽
〈덕물도〉에 이르렀다. 〈신라〉왕이 장군 「김유신」을 보내 정예
군사 5만 명을 거느리고 백제를 향해 달려갔다. 백제왕이 이 소
식을 듣고 군신들을 모아 공격과 수비 중에 어느 것이 마땅한지
를 물었다. 좌평 「의직」이 나서서 말하기를, "〈당〉나라 군사는
멀리서 바다를 건너왔기에 그들은 물에 익숙하지 못하므로 배를
오래 탄 탓에 분명 피곤해 있으리니, 그러므로 그들이 상륙하여
사기가 회복되지 못했을 때 급습하면 뜻을 이룰 수 있을 것입니
다. 〈신라〉 사람들은 큰 나라의 도움을 믿기 때문에 우리를 경시
하는 마음이 있을 것이니, 만일 〈당〉나라 사람들이 불리해지는
것을 보면 반드시 주저하고 두려워서 감히 빨리 진격해오지 못할
것입니다. 그러므로 우선 〈당〉 군사와 결전을 하는 것이 옳을 것

입니다."라고 하였다. 달솔「상영」등이 말하기를, "그렇지 않습니다. 〈당〉나라 군사는 멀리서 왔으므로 속전하려 할 것이니 그 서슬을 당할 수 없을 것이며, 〈신라〉군사들은 이전에 여러 번 우리 군사에게 패하였기 때문에 우리 군사의 기세를 보면 겁을 내지 않을 수 없을 것입니다. 오늘의 계책으로는 〈당〉나라 군사들이 들어오는 길을 막아서 그들이 피곤하여지기를 기다리면서, 먼저 일부 군사로 하여금 〈신라〉군사를 쳐서 예봉을 꺾은 후에, 형편을 보아 싸우게 하면 군사를 온전히 유지하면서 나라를 보전할 수 있을 것입니다."라고 하니, 왕이 주저하면서 어느 말을 따라야 할지를 몰랐다. 이때 좌평「홍수」는 죄를 지어 〈고마미지현〉에서 귀양살이를 하고 있었는데, 왕이 그에게 사람을 보내 물었다. "사태가 위급하게 되었으니 어떻게 하면 좋겠느냐?" 하니, 「홍수」가 말하기를, "〈당〉나라 군사는 숫자가 많을 뿐 아니라 군율이 엄하고 분명합니다. 더구나 〈신라〉와 함께 우리의 앞뒤를 견제하고 있으니, 만일 평탄한 벌판과 넓은 들에서 마주하고 진을 친다면 승패를 장담할 수 없습니다."라고 했다.

[3] 〈白江〉[或云〈伎伐浦〉.]과 〈炭峴:忠南 大德〉[或云〈沈
백강   탄현
峴〉.]은 我國之,要路也니다. 一夫單槍을 萬人莫當
              아국지 요로야   일부단창   만인막당
이니 宜簡勇士하여 往守之하여 使〈唐〉兵으로 不得
      의간용사   왕수지   사 당 병   부득
入〈白江〉하고 〈羅〉人으로는 未得過〈炭峴〉하며 大
입 백 강   나 인   미득과 탄현   대

王은 重閉固守하다가 待其資粮盡하고 士卒疲한
왕　중폐고수　　　대기자량진　　사졸피

然後에 奮擊之한다면 破之必矣리이다 하다. 於時에
연후　분격지　　　파지필의　　　　어시

大臣等이 不信曰, "〈興首〉는 久在縷絏之中하여
대신등　불신왈　홍수　　　구재누설지중

怨君而不愛國이니 其言을 不可用也니다. 莫若使,
원군이불애국　　기언　불가용야　　　막약사

〈唐〉兵入〈白江〉하여 沿流而不得方舟하고 〈羅〉軍
당 병입 백강　　연류이부득방주　　　나 군

升〈炭峴〉하여 由徑而不得并馬하고 當此之時하여
승 탄현　　유경이부득병마　　당차지시

縱兵擊之하면 譬如殺, 在籠之鷄요 離網之魚也니
종병격지　　비여살 재롱지계　　이망지어야

다."하니 王이 然之하다. 又聞〈唐〉〈羅〉兵, 已過〈白
왕　연지　　우문당 나 병이과백

江〉,〈炭峴〉하고 遣, 將軍「堦伯」으로 帥, 死士五千하
강　탄현　　건장군계백　　　솔사사오천

여 出,〈黃山:連山〉하여 與〈羅〉兵戰하다. 四合皆勝
출 황산　　　여 나 병전　　사합개승

之나 兵寡力屈하여 竟敗하고「堦伯」死之하다. 於
지　병과력굴　　경패　　계백사지　　어

是에 合兵禦,〈熊津〉口하고 瀕江屯兵하다.「定方」
시　합병어 웅진 구　　빈강둔병　　　정방

이 出,左涯하여 乘山而陣하여 與之戰하니 我軍大
출 좌애　　승산이진　　여지전　　　아군대

敗하다. 王師乘潮하여 軸艫銜尾進하여 鼓而譟하다.
패　　왕사승조　　축로함미진　　　고이조

▶어려운 낱말◀

[一夫單槍(일부단창)] : 한 사람의 군사가 한 자루의 창을 가지고. [宜簡勇士

(의간용사)] : 마땅히 용사를 가려서. [縷絏之中(누설지중)] : 유배 중에 있어서. [在籠之雞(재롱지계)] : 조롱 안에 든 닭. [離網之魚(이망지어)] : 그물에 걸린 고기. [舳艫銜尾(축로함미)] : 전함이 연이어 나아가다. [鼓而譟(고이조)] : 북을 시끄럽게 두드리다.

▷ 본문풀이 ◁

〈백강〉【혹은 〈기벌포〉라고도 한다.】과 〈탄현〉【혹은 〈침현〉이라고도 한다.】은 우리나라의 요충지로서, 한 명의 군사와 한 자루의 창을 가지고도 만 명을 당할 수 있을 것이니, 마땅히 용감한 군사를 선발하여 그곳에 가서 지키게 하여, 당나라 군사로 하여금 〈백강〉으로 들어오지 못하게 하고, 〈신라〉 군사로 하여금 〈탄현〉을 통과하지 못하게 하면서, 대왕께서는 성문을 굳게 닫고 든든히 지키면서 그들의 물자와 군량이 떨어지고 군사들이 피곤하여질 때를 기다린 후에 분발하여 갑자기 공격한다면 반드시 이길 수 있을 것입니다 했다. 그러나 대신들은 이를 믿지 않고 말하기를, "〈흥수〉는 오랫동안 옥에 있으면서 임금을 원망하고 나라를 사랑하지 않았을 것이니, 그 말을 따를 수 없습니다. 차라리 〈당〉나라 군사로 하여금 〈백강〉으로 들어오게 하여 강 흐름에 따라 배를 나란히 가지 못하게 하고, 〈신라〉 군사로 하여금 〈탄현〉에 올라가서 소로를 따라 말을 나란히 몰 수 없게 합시다. 이때가 되어 군사를 풀어 공격하게 하면 마치 닭장에 든 닭이나 그물에 걸린 고기를 잡는 것과 같을 것입니다." 하니, 왕은 이 말을 따랐다. 왕은 또한 〈당〉나라와 〈신라〉 군사들이 이미 〈백강〉과 〈탄현〉을 지났다는 소식을 듣고 장군 「계백」을 시켜 결사대 5천 명을 거느리고 〈황산〉으로 가서 〈신라〉 군사와 싸우게 하였는데, 네 번 싸워서 모두 이겼으나 군사가 적고 힘이 모자라서 마침내 패하고 「계백」이 전사하였다. 이에 군사를 모아 〈웅진〉 어귀를 막고 강가에 주둔시켰다. 「소정방」이 강 왼쪽 언덕으로 나와 산 위에 진을 치니 그들과 싸워서 아군이 크게 패하였다. 〈당〉나라 군사는 조수가 밀려오는 기회를 타고 배를 잇대어 북을 치고 시끄럽게 떠들면서 들어오고 있었다.

[4]「定方」이 將.步騎하고 直趨〈眞都城〉하여 一舍.止하다. 我軍이 悉衆拒之나 又敗하여 死者.萬餘人하다. 〈唐〉兵乘勝薄城하니 王知不免하고 嘆曰, "悔.不用「成忠」之言하고 以至於此로다." 하고 遂與太子「孝」와 走.北鄙하다. 「定方」이 圍其城하니 王의 次子「泰」가 自立爲王하여 率衆固守하다. 太子의 子「文思」가 謂.王子「隆:제3자」曰, "王은 與.太子出하고 而.叔擅爲王하니 若〈唐〉兵解去면 我等은 安得全이리까?" 하고 遂率左右하고 縋而出하니 民皆從之라. 「泰」.不能止하다. 〈定方〉이 令士

超堞하여 立〈唐〉旗幟하니 「泰」窘迫하여 開門하고
초 첩　　　입 당 기 치　　　　태 군 박　　　개 문

請命(목숨보전)하다. 於是에 王及太子「孝」가 與,諸
청 명　　　　　　　　　어 시　　　왕 급 태 자 효　　　여 제

城改降하다. 「定方」이 以王及,太子「孝」와 王子
성 개 항　　　　정 방　　　이 왕 급 태 자 효　　　왕 자

「泰」와 「隆」과 「演」及,大臣과 將士,八十八人과
태　　　　융　　　연 급 대 신　　　장 사 팔 십 팔 인

百姓,一萬二千八百七人을 送,京師하다.
백 성 일 만 이 천 팔 백 칠 인　　　송 경 사

▶ 어려운 낱말 ◀

[直趍(직추)] : 곧장 달려가다. [一舍止(일사지)] : (1舍) 30리를 가서 멈춤. [薄城(박성)] : 성을 육박하다. [超堞(초첩)] : 성첩에 뛰어올라. [窘迫(군박)] : 난관에 부딪혀 일의 행세가 급하게 됨. [送,京師(송경사)] : 당나라 서울로 보냄.

▷ 본문풀이 ◁

「소정방」은 보병과 기병을 거느리고 곧장 〈진도성〉 30리 밖까지 와서 멈추었다. 우리 군사들이 모두 나가서 싸웠으나 다시 패배하여, 사망자가 1만여 명에 달하였다. 〈당〉나라 군사는 승승장구하여 성으로 육박하였다. 왕이 패망을 면할 수 없음을 알고 탄식하며 말하기를, "「성충」의 말을 듣지 않다가 이 지경에 이르게 된 것이 후회스럽구나." 했다. 왕은 마침내 태자 「효」를 데리고 북쪽 변경으로 도주하였다. 「소정방」이 성을 포위하자 왕의 둘째 아들 「태」가 스스로 왕이 되어 군사를 거느리고 굳게 지켰다. 태자의 아들 「문사」가 왕의 아들 「융」에게 이르기를, "왕께서

는 태자와 함께 나가버렸고, 「숙부」는 자기 마음대로 왕 노릇을 하고 있으니, 만일 〈당〉나라 군사가 포위를 풀고 가버리면 우리들이 어떻게 안전할 수 있겠는가?'라 하고, 마침내 측근들을 데리고 밧줄을 타고 성을 빠져 나가고 백성들도 모두 그를 뒤따르니, 「태」가 이를 만류하지 못하였다. 「소정방」이 군사들을 시켜 성에 뛰어 올라 〈당〉나라 깃발을 세우니, 「태」는 다급하여 성문을 열고 목숨을 살려 주기를 요청하였다. 이때 왕과 태자 「효」가 여러 성과 함께 모두 항복하였다. 「소정방」이 왕과 태자 「효」, 왕자 「태」, 「융」, 「연」 및 대신과 장병 88명과 주민 1만 2천8백7명을 당나라 서울로 호송하였다.

[5] 國本에 有.五部 · 三十七郡 · 二百城 · 七十
국본   유 오부   삼십칠군   이백성   칠십

六萬戶러니 至是에 析置하여 〈熊津〉,〈馬韓〉,〈東
육만호   지시   석치   웅진   마한   동

明〉,〈金漣〉,〈德安〉五都督府하고 各統州縣하다.
명   금련   덕안   오도독부   각통주현

擢渠長하여 爲.都督.刺史.縣令하고 以理之하다.
탁거장   위 도독 자사 현령   이리지

命.郞將「劉仁願」으로 守.都城하며 又以.左衛郞將
명 낭장 유인원   수 도성   우이 좌위낭장

「王文度」로 爲,〈熊津〉都督하여 撫其餘衆하다.
왕문도   위 웅진 도독   무기여중

「定方」이 以.所俘見上하니 責而宥之하다. 王이 病
정방   이 소부견상   책이유지   왕 병

死하니 贈,'金紫光祿大夫.衛尉卿'하여 許.舊臣赴
사   증 금자광록대부 위위경   허 구신부

臨하고 詔葬하여 「孫皓:오의 손권의 손자」·「陳叔寶:
림　조장　　　손 호　　　　　　　　　　진숙보

陳 後主」墓側하고 幷爲竪碑하다. 授「隆」하여 司稼
　후주　묘 측　　병위수비　　　　수 용　　　　사 가

卿하다.「文度」가 濟海,卒하니 以「劉仁軌」로 代之
경　　　문도　　제해졸　　　이유인궤　　대지

하다.『武王』의 從子「福信」이 嘗,將兵하고 乃與浮
　　　무왕　　종자복신　　상장병　　　내여부

屠「道琛」으로 據〈周留城:舊 韓山邑〉하여 叛하고 迎,
도 도 침　　거〈주류성　　　　〉　　반　　영

古王子〈扶餘豊〉하여 嘗,質於〈倭〉國者하니 立之
고왕자부여풍　　　상질어왜국자　　　입지

爲王하다. 西北部皆應하니 引兵圍「仁願」을 於都
위왕　　　서북부개응　　　인병위인원　　어도

城(泗沘城)하다. 詔起「劉仁軌」를 檢校〈帶方州〉刺
성　　　　　　　조기유인궤　　검교대방주자

史하여 將「王文度」之衆하고 便道,發〈新羅〉兵하여
사　　　장왕문도지중　　편도발신라병

以救「仁願」하다.「仁軌」喜曰,"天이 將,富貴此翁
이구인원　　　인궤희왈　천　장부귀차옹

矣로다."하고 請,〈唐〉曆及廟諱(廟에 제사할 先帝의 諱)
의　　　　청당역급묘휘

而行하며 曰,"吾欲掃平,東夷하고 頒,大〈唐〉正朔
이행　　왈　오욕소평동이　　반대당정삭

於海表라."하다.「仁軌」가 御軍嚴整하고 轉鬪而前
어해표　　　　　인궤　어군엄정　　　전투이전

하니「福信」等이 立,兩柵於〈熊津江〉口하고 以,拒
　　복신등　입양책어웅진강구　　이거

之하다.
지

[析置(석치)] : 나누어 설치함. [擢渠長(탁거장)] : 거장을 발탁하다. [宥] : 용서할(유). [許舊臣赴臨(허구신부림)] : 옛 신하들의 문상을 허락하다. [詔葬(조장)] : 조서를 내려 장례를 지냄. [竪碑(수비)] : 비석을 세움.

▷ 본문풀이 ◁

〈백제〉는 원래 5부, 37군, 200성, 76만 호로 되어 있었는데, 이때에 와서 지역을 나누어 〈웅진〉, 〈마한〉, 〈동명〉, 〈금련〉, 〈덕안〉 등 5개의 도독부를 두어 각각 주, 현들을 통할하게 하였다. 우두머리를 뽑아서 도독, 자사, 현령을 삼아 관리하게 했다. 낭장 「유인원」에게 명령하여 도성을 지키게 하였으며, 또한 좌위낭장 「왕문도」를 〈웅진〉 도독으로 삼아 유민들을 무마하게 하였다. 「소정방」이 포로들을 임금에게 바치니 임금이 그들을 꾸짖고 용서하여 주었다. 왕이 병으로 사망하자, 그를 '금자광록대부, 위위경' 으로 추증하고 옛 신하들의 문상을 허락하였다. 조서를 내려 「손호」, 「진숙보」의 무덤 곁에 장사지내고, 그 무덤과 함께 비석을 세우게 하였다. 왕자 「융」을 사가경으로 임명하였다. 「왕문도」가 바다를 건너다가 사망하자, 「유인궤」로 그를 대신하게 하였다. 『무왕』의 조카 「복신」은 일찍이 군사를 거느리는 장수였는데, 이때 중 「도침」을 데리고 〈주류성〉을 거점으로 반란을 일으켜서, 전 임금의 아들로서 왜국에 인질로 가있던 〈부여풍〉을 맞아서 왕으로 추대하였다. 서북부에서 모두 이에 호응하니, 군사를 이끌고 도성에 있는 「유인원」을 포위했다. 〈당〉나라에서는 조서를 내려 「유인궤」를 검교 〈대방주〉 자사로 임명하여, 「왕문도」의 군사를 거느리고 지름길로 〈신라〉 군사를 보내 「유인원」을 구원하게 하였다. 「유인궤」가 기뻐하며, "하늘이 장차 이 늙은이를 부귀하게 하려는 것이다."라고 말했다. 그는 〈당〉나라 책력과 묘휘를 요청하여 가지고 떠나면서 "내가 동쪽 오랑캐를 평정하고 대당의 정삭을 해외에 반포하려 한다."고 말하였다. 「인궤」가 군사를 엄하게 통솔하고 이동하면서 싸우고 전진하니, 「복신」 등이 〈웅진강〉 어귀에 두 개의 목책을 세워 그들을 방어하였다.

[6]「仁軌」가 與〈新羅〉兵으로 合擊之하니 我軍이
인궤　여신라병　합격지　아군

退走入柵하여 阻水橋狹하여 墮溺及戰死者萬餘
퇴주입책　조수교협　타익급전사자만여

人하다. 「福信」等이 乃釋都城之圍하고 退保〈任
인　복신등　내석도성지위　퇴보임

存城:대흥〉하니 〈新羅〉人은 以粮盡引還하다. 時는
존성　신라인　이양진인환　시

〈龍朔:泗泌城 陷落 翌年, 武烈王 8년〉元年三月也라. 於
용삭　원년삼월야　어

是에 「道琛」은 自稱領車將軍이라 하고 「福信」은
시　도침　자칭령거장군　복신

自稱霜岑將軍이라 하며 招集徒衆하니 其勢益張
자칭상잠장군　초집도중　기세익장

하다. 使告「仁軌」曰, "聞大〈唐〉이 與〈新羅〉로 約
사고인궤왈　문대당　여신라　약

誓하고 〈百濟〉는 無問老少하고 一切殺之然後에
서　백제　무문노소　일체살지연후

以國付〈新羅〉한다 하니 與其受死가 豈若戰亡이리
이국부신라　여기수사　기약전망

오! 所以聚結이 自固守耳라.”하다. 「仁軌」作書
하여 具陳禍福하고 遣使諭之하다. 「道琛」等이 恃
衆驕倨하여 置「仁軌」之使於外館하고 嫚報曰, “使
人官小하나 我是一國大將이니 不合參하다.”하니
不答書하고 徒遣之하다. 「仁軌」以衆小로 與「仁
願」으로 合軍하여 休息士卒하고 上表하여 請合〈新
羅〉하여 圖之하다. 〈羅〉王「春秋」가 奉詔하고 遣
其將「金欽」하여 將兵救「仁軌」等하다. 至〈古泗:古
阜〉하니 「福信」邀擊하여 敗之하니 〈欽〉이 自〈葛嶺
道:위치 미상〉로 遁還하다. 〈新羅〉는 不敢復出하다.
尋而「福信」이 殺「道琛」하고 幷其衆하니 「豊」이 不
能制하고 但主祭而已러라. 「福信」等은 以「仁願」
等이 孤城無援하고 遣使慰之曰, “大使等이 何時에
西還이리오? 當遣相送하리라.”하다.

▶ 어려운 낱말 ◀

[招集徒衆(초집도중)] : 여러 무리들을 불러 모으다. [其勢益張(기세익장)] : 그

세력이 더욱 확장되다. [恃衆驕倨(시중교거)] : 군사가 많음을 믿고 교만하고 거만함. [嫚報(만보)] : 업신여기어 알리다.

▷ 본문풀이 ◁

「인궤」가 〈신라〉 군사들과 합세하여 공격하니, 우리 군사들이 퇴각하여 목책 안으로 들어와 강을 저지선으로 삼으니, 다리가 좁아서 물에 빠지고 전사한 자가 1만여 명이었다. 「복신」 등이 이에 도성의 포위를 풀고 물러와서 임존성을 확보하고 있으니, 〈신라〉 군사들이 군량이 떨어져서 군사를 이끌고 돌아갔다. 이때가 당나라 〈용삭〉 원년 3월이었다. 이에 「도침」은 영군 장군으로 자칭하고, 「복신」은 상잠 장군으로 자칭하며 여러 무리들을 불러 모으니 그 세력이 더욱 확장되었다. 그들은 사람을 보내 「인궤」에게 말했다. "듣건대, 〈당〉나라가 〈신라〉와 약속하기를 〈백제〉 사람은 노소를 막론하고 모두 죽이고, 그 후에는 우리나라를 〈신라〉에 넘겨주기로 하였다고 하니, 죽음을 기다리기보다는 차라리 싸우다가 죽는 편이 낫다고 생각하여, 이렇게 모여 진지를 고수하고 있을 뿐이다."라고 했다. 「인궤」는 편지로 화복에 대하여 설명하고 사람을 보내 타일렀다. 「도침」 등은 군사가 많은 것을 믿고 교만해져서 「인궤」의 사자를 바깥 숙소에 재우고 비웃으며 그에게 말하기를, "사자의 벼슬은 낮으나 나는 일국의 대장이므로 함께 말할 수 없다."고 하고, 그는 답장을 주지 않고 그냥 돌려보냈다. 「인궤」는 군사가 적었으므로, 「인원」의 군사와 합쳐서 군사들을 휴식시키면서 표문을 올려 〈신라〉와 협력하여 공격하기를 요청하였다. 〈신라〉왕 「춘추」가 〈당〉나라의 조서를 받고, 장수 「김흠」에게 군사를 주어 「인궤」 등을 구원하게 하였다. 〈고사〉에 이르니 「복신」이 그와 전투를 벌여 패배시켰다. 「김흠」이 〈갈령도〉에서 도망하여 돌아간 후 〈신라〉는 감히 다시 출동하지 못하였다. 얼마 후에 「복신」이 「도침」을 죽이고 그의 군사를 합쳤는데, 「풍」은 이를 제어하지 못하고 제사만 주관하였다. 「복신」 등은, 「인원」등이 성이 고립되어 구원을 받을 수 없다고 생각하여 사람을 보내 위로하면서 말했다. "대사 등은 언제 서쪽(본국)으로 돌아가려 하는가? 그때 우리가 사람을 보내 전송하여 주겠다."고 했다.

[7] 二年 七月에 「仁願」,「仁軌」等이 大破「福信」
　　　 이년 칠월　　　 인원　 인궤 등　 대파 복신

餘衆於〈熊津〉之東하고 拔〈支羅城:大德군鎭岑面〉及
여중어 웅진 지동　　　 발 지라성　　　　　　　 급

〈尹城:대덕군〉,〈大山:위치 미상〉,〈沙井:위치 미상〉等柵
윤성　　　　 대산　　　　　　 사정　　　　　　 등책

하고 殺獲甚衆하여 仍令,分兵以鎭守之하다.「福
　　 살획심중　　　 잉령 분병이 진수지　　　　 복

信」等은 以〈眞峴城〉이 臨江高嶮하여 當,衝要라
신 등　 이 진현성　　 임강고험　　　 당 충요

加兵守之하다.「仁軌」夜督〈新羅〉兵하고 薄城板
가병수지　　　 인궤 야독 신라 병　　　 박성판

堞(널빤지 성첩)이라가 比明而入城하여 斬殺八百人
첩　　　　　　　　　　 비명이입성　　　 참살팔백인

하고 遂通〈新羅〉餉道하다.「仁願」이 奏請益兵하
　　 수통 신라 양도　　　 인원　 주청익병

니 詔發〈淄:淄州-산동성 제남부〉,〈靑:靑州-산동성 膠東〉,
　 조발 치　　　　　　　　　　 청

〈萊:내주-산동성 내주〉,〈海:해주-강소성 회안〉之兵七千
人하여 遣,左威衛將軍「孫仁師」하여 統衆浮海하
여 以益「仁願」之衆하다. 時에 「福信」이 旣專權하
더니 與「扶與豊」과 寖相猜忌하다.「福信」이 稱疾
하고 臥於窟室하여 欲俟「豊」問疾하여 執殺之하
다.「豊」知之하고 帥親信하고 掩殺「福信」하다. 遣
使〈高句麗〉,〈倭〉國하여 乞師하여 以拒〈唐〉兵하
다.「孫仁師」中路迎擊破之하고 遂與「仁願」之衆
相合하니 士氣大振하다. 於是에 諸將이 議所向하
니 或曰, "〈加林城:林川 聖興산성〉水陸之衝이니 合
先擊之라."하다.「仁軌」曰, "兵法에 '避實擊虛
라'하니 〈加林〉은 嶮而固하여 攻則傷士요, 守則
曠日이라. 〈周留城:한산〉은 〈百濟〉巢穴(근거지)로
羣聚焉하니 若克之면 諸城自下라."하다. 於是에
「仁師」·「仁願」及〈羅〉王「金法敏:문무왕」이 帥陸
軍進하고 「劉仁軌」及別帥「杜爽」·「扶餘隆」은

帥,水軍及粮船하여 自〈熊津江〉에서 往〈白江〉하
솔 수군급양선　　　자웅진강　　　왕 백강

여 以會陸軍하여 同趨〈周留城〉하다. 遇〈倭〉人을
이회육군　　　동추주류성　　　우 왜 인

〈白江〉口하여 四戰皆克하고 焚其舟四百艘하니
백강구　　　사전개극　　　분기주사백소

煙炎灼天하고 海水爲丹하다. 王「扶餘豊」이 脫身
연염작천　　　해수위단　　　왕부여풍　　탈신

而走하여 不知所在하니 或云奔〈高句麗〉하다. 獲
이주　　　부지소재　　　혹운분 고구려　　　획

其寶劍하다. 王子「扶餘忠勝」·「忠志」等이 帥其衆
기보검　　왕자부여충승　충지등　　솔기중

하고 與〈倭〉人으로 竝降이나 獨「遲受信」은 據〈任
여왜인　　　병항　　독 지수신　　거임

存城〉하여 未下하다. 初에「黑齒常之」가 嘯聚亡
존성　　　미하　　초　　흑치상지　　소취망

散하니 旬日間에 歸附者三萬餘人이러라.「定方」
산　　순일간　　귀부자삼만여인　　　　정방

이 遣兵攻之하니「常之」拒戰敗之하여 復取二百
견병공지　　상지거전패지　　부취이백

餘城하니「定方」이 不能克하다.「常之」與,別部將
여성　　정방　　불능극　　　상지여별부장

「沙吒相如」據嶮하여 以應「福信」이나 至是에 皆
사타상여 거험　　이응복신　　　지시　개

降하다.「仁軌」가 以赤心示之하여 俾取〈任存〉自
항　　인궤　　이적심시지　　비취임존자

效하고 卽給鎧·仗·粮糒하다.「仁師」曰,"野心
효　　즉급개 장 양비　　인사왈　야심

(:叛心)難信하니 若受,甲濟粟이면 資寇便也라."하
난신　　약수갑제속　　자구편야

다.「仁軌」曰,"吾觀「相如」·「常之」하니 忠而謀
인궤왈　오관상여　상지　　충이모

하니 因機立功하면 尙何疑리오?" 하다. 二人이 訖
　　　　인기입공　　상하의　　　　　　이인　홀

取其城하니 「遲受信」은 委妻子하고 奔〈高句麗〉하
　취기성　　　지수신　　위처자　　분 고구려

고 餘黨悉平하다. 「仁師」等이 振旅還(凱旋)하니 詔,
　여당실평　　　인사등　　진려환　　　　조

留「仁軌」하여 統兵鎭守하다. 兵火之餘로 比屋凋
류 인궤　　　통병진수　　병화지여　　비옥조

殘은 殭屍如莽하다. 「仁軌」始命하여 瘞,骸骨하고
잔　강시여망　　　인궤시명　　예해골

籍,戶口하고 理,村聚하며 署,官長하고 通,道塗하고
적호구　　이촌취　　서관장　　통도도

立,橋梁하고 補堤堰(저수지)하고 復,坡塘하고 課農
입교량　　보제언　　　　복파당　　과농

桑하고 賑,貧乏하여 養,孤老하고 立〈唐〉社稷하고
상　　진빈핍　　양고로　　입 당 사직

頒,正朔及廟諱하니 民皆悅하고 各安其所하다. 帝
반 정삭급묘휘　　민개열　　각안기소　　제

가 以「扶餘隆」으로 爲〈熊津〉都督하여 俾歸國하여
이 부여융　　위 웅진 도독　　비귀국

平〈新羅〉古憾하고 招還遺人하다.
평 신라 고감　　초환유인

▶어려운 낱말◀

[薄城(박성)]：성을 육박하다. [板堞(판첩)]：널빤지 성첩. [比明(비명)]：밝음
을 기다려. [奏請益兵(주청익병)]：군사가 더 줄 것을 요청함. [寖相猜忌(침상
시기)]：점차 서로 시기함이 생김. [水陸之衝(수륙지충)]：수륙의 요충지대.
[避實擊虛(피실격허)]：실을 피하고 허를 치다. [守則曠日(수즉광일)]：지키면
오래 지탱할 것임. [嘯聚亡散(소취망산)]：흩어진 무리들을 불러 모으다. [赤
心(적심)]：진심. [鎧仗(개장)]：갑옷, 병장기 등의 무기의 일종. [粮糒(양비)]：

군인들이 먹는 말린 양식. [甲濟粟(갑제속)] : 군량미. [招還遺人(초환유인)] : 남아있는 사람들을 불러오게 하다.

▷ **본문풀이** ◁

2년 (당용삭) 7월에 「인원」, 「인궤」 등이 〈웅진〉 동쪽에서 「복신」의 남은 군사를 대파하고, 〈지라성〉 및 〈윤성〉, 〈대산〉, 〈사정〉 등의 목책을 함락시켰는데, 군사를 죽이고 사로잡은 것이 매우 많았으며, 군사들을 나누어 그곳에 계속하여 주둔시키고 수비하게 하였다. 「복신」 등은 〈진현성〉이 강가에 있어서 높고 험하여 요충지로 적당하다고 판단하여 군사를 증파하여 그곳을 지키게 하였다. 「인궤」가 밤에 〈신라〉 군사를 거느리고, 성에 가까이 접근하여 새벽에 입성하여 8백 명의 목을 베어 죽이니, 마침내 〈신라〉에서 오는 군량 수송로가 소통되었다. 「인원」이 증원병을 요청하니, 〈당〉나라에서 조서를 내려 〈치주〉, 〈청주〉, 〈내주〉, 〈해주〉의 군사 7천 명을 징발하고, 좌위위 장군 「손인사」에게 이 군사를 주어 바다를 건너 「인원」의 군사를 보충하게 하였다. 이때 「복신」은 이미 권력을 독차지하여 「부여풍」과 서로 질투하고 시기하게 되었다. 「복신」은 병이 들었다는 구실로 굴 속에 누어서 「풍」이 문병하러 오기를 기다려 그를 죽이고자 하였다. 「풍」이 이를 알고 심복들을 거느리고 「복신」을 급습하여 죽이고 〈고구려〉와 〈왜국〉에 사람을 보내 군사를 요청하여 〈당〉나라 군사를 막았는데, 「손인사」가 중도에서 이들을 맞아 쳐부수고, 마침내 「인원」의 군사와 합세하니 군사의 사기가 크게 올랐다. 이에 모든 장수들이 공격의

방향을 의논하는데, 어떤 자가 "〈가림성〉이 수륙의 요충이므로 먼저 쳐버려야 한다."고 말하니, 「인궤」가 대답하기를, "병법에는 '강한 곳을 피하고 약한 곳을 공격해야 한다.'고 하였다. 〈가림성〉은 험하고 튼튼하므로 공격하면 군사들이 상할 것이요, 밖에서 지키자면 날짜가 오래 걸릴 것이다. 〈주류성〉은 〈백제〉의 소굴로서 무리들이 모여 있으니, 만일 이곳을 쳐서 이기게 되면 여러 성은 저절로 항복할 것이다." 했다. 이에 「인사」, 「인원」과 〈신라〉왕 「김법민」은 육군을 거느리고 나아가고, 「유인궤」와 별수 「두상」과 「부여융」은 수군과 군량 실은 배를 거느리고, 〈웅진강〉으로부터 〈백강〉으로 가서 육군과 합세하여 〈주류성〉으로 갔다. 〈백강〉 어귀에서 왜국 군사를 만나 네 번 싸워서 모두 이기고, 그들의 배 4백 척을 불사르니, 연기와 불꽃이 하늘로 오르고 바닷물도 붉은 빛을 띄웠다. 이때 왕 「부여풍」은 탈출하여 도주하였으므로 거처를 알지 못하게 되었는데, 어떤 사람은 〈고구려〉로 달아났다고 말하기도 한다. 〈당〉나라 군사들이 그의 보검을 노획하였다. 왕자 「부여충승」과 「충지」 등이 「부여풍」의 군사를 거느리고 〈왜국〉 군사들과 함께 항복하고, 「지수신」이 혼자 남아 〈임존성〉에서 버티며 항복하지 않았다. 처음에 「흑치상지」가 도망하여 흩어진 무리들을 모으니, 열흘 사이에 따르는 자가 3만여 명이었다. 「소정방」이 이들을 공격하니 「상지」가 이들과 싸워서 승리하고, 다시 2백여 성을 빼앗으니 「정방」이 이길 수 없었다. 「상지」는 별부장 「사타상여」를 데리고 험준한 곳에 웅거하여 「복신」과 호응하다가, 이때에 이르러 모두 항복하였다. 「인궤」가 그들에게 진심을 보이면서, 그들로 하여금 〈임존성〉을 빼앗아 그들 자신의 성의를 나타내는 기회를 갖게 하려고 갑옷과 병기, 군량 등을 주었다. 「인사」가 말하기를, "그들은 야심이 있어 믿기 어렵다. 만일 그들이 무기와 곡식을 얻는다면, 이는 그들에게 도적질을 할 방책을 제공하는 것이다."라고 하였다. 「인궤」가 말하기를, "내가 「상여」와 「상지」를 보니, 그들에게는 충심과 지모가 있다. 그들에게 기회를 주면 공을 세울 것이니 무엇을 의심할 것인가?"라고 하였다. 그들 두 사람이 성을 빼앗으니, 「지수신」은 처자를 버리고 〈고구려〉로 달아났으며 잔당들도 모두 평정되었다. 「인사」 등이 군사를 정돈하여 돌아가니, 〈당〉나라에서는 조서를 내려 「인궤」로 하여금 그곳에 주둔하며 수비하게 하였다. 전쟁의 여파로 집집마다 영락하고, 시체가 풀더미처럼 쌓여 있었다. 「인궤」가 이때 처음으로 명령을 내려 해골을 묻고 호구를 등록하며, 촌락을 정리하고 관리들을 임명하였다. 또한 도로를 개통하고 교량을 가설하고, 제방을 수축하고 저수지를 복구하며, 농업을 장려하고 가난한 자들을 구제하고, 고아와 노인을 양육하게 하였으며, 〈당〉나라의 사직을 세우고 정삭과 묘휘를 반포하니, 백성들이 기뻐하여 각각 자기 집에 안주하게 되었다. 당나라 임금이 「부여융」을 〈웅진〉 도독으로 삼아 귀국하게 하여 〈신라〉와의 오래된 감정을 풀고 나머지 무리들을 불러 오게 하였다.

[8] 「麟德」二年(서기 665년)에 與〈新羅〉王(:文武王)
인 덕 이 년　　　　　　　　여 신 라 왕

과 會.〈熊津城〉하여 刑.白馬以盟하니 「仁軌」爲.盟
辭하여 乃作.金書鐵契하여 藏〈新羅〉廟中하니 盟
辭.見『新羅記:本紀,文武王 5年條』中하다. 「仁願」等
還하니 「隆」은 畏衆携散하여 亦歸京師(:長安)하다.
〈儀鳳:676~8〉中에 以「隆」으로 爲.'〈雄津〉都督〈帶
方郡〉王'하고 遣.歸國하여 安輯餘衆으로 仍移〈安
東〉都護府於〈新城〉하여 以統之하다. 時에 〈新羅〉
强으로 「隆」은 不敢入.舊國하고 寄理〈高句麗〉死하
다. 「武后:唐의 則天武后」는 又.以其孫「敬」으로 襲王하
나 而.其地는 已爲〈新羅〉·〈渤海〉·〈靺鞨〉所分하
고 國系遂絶하니라.

▶ 어려운 낱말 ◀

[刑白馬(형백마)] : 백마를 잡아서. [盟辭(맹사)] : 맹세하는 말. [金書鐵契(금서
철계)] : 매우 단단한 문서. [畏衆携散(외중휴산)] : 무리들이 흩어질까 두려워
서.

「인덕」 2년에 「융」이 〈신라〉왕과 〈웅진성〉에서 만나 흰 말을 잡아 맹세하였다. 「인궤」가 맹세하는 글을 지었으며, 이것을 금으로 새기고, 무쇠로 책을 만들어 〈신라〉 종묘 안에 보관하였는데, 이 맹세의 글은 [신라기]에 보인다. 「인원」 등이 귀국하니, 「융」은 군사가 흩어질 것을 염려하여 그 또한 당나라 서울로 돌아갔다. 당 〈의봉〉 년간에 「융」을 '〈웅진〉도독〈대방군〉왕'으로 삼아 귀국하게 하여 남은 백성들을 안정시키고, 곧이어 〈안동〉 도호부를 〈신성〉으로 옮겨 통할하게 하였다. 이때 〈신라〉가 강성하여지니 「융」이 감히 고국으로 들어오지 못하고, 〈고구려〉에 가서 의탁하고 있다가 사망하였다. 「무후」가 또한 그의 손자 「경」으로 하여금 왕위를 계승케 하려 했으나, 그 지역이 이미 〈신라〉, 〈발해〉, 〈말갈〉에 의하여 분할 통치되고 있었으므로 나라의 계통이 마침내 단절되었다.

○論曰. 〈新羅〉古事에 云하되 "天降金樻하여 故
로 姓을 「金」氏라." 하니 其言可怪而. 不可信이라 臣.
修史에 以其傳之舊하니 不得.刪落其辭하다. 然而
又聞하니 "〈新羅〉人은 自以「小昊金天」氏之.後라
故로 姓을 「金」氏라 하다.[見〈新羅〉國子博士「薛因宣」撰「金

庾信」碑, 及「朴居勿」撰「姚克一」書〈三郞寺〉碑文.] 〈高句麗〉도
　　　　　　　　　　　　　　　　　　　　　　　고 구 려

亦以「高辛」氏之後라 姓을「高」氏라."하다. [見『晉書』
역 이 고 신 씨 지 후　　성　　　고 씨

載記.] 古史에 曰, "〈百濟〉는 與〈高句麗〉로 同出〈扶
　　　　고 사 왈　　백 제　　여 고 구 려　　동 출 부

餘〉라."하며 又云하되 "〈秦〉,〈漢〉亂離之時에 〈中
여　　　　　우 운　　　　진　한 난 리 지 시　　중

國〉人이 多竄海東이라."하니 則,三國祖先이 豈其,
국 인 다 찬 해 동　　　　즉 삼 국 조 선　기 기

古聖人之,苗裔耶며 何其享國之長也아? 至於〈百
고 성 인 지 묘 예 야　하 기 향 국 지 장 야　　지 어 백

濟〉之季하여는 所行이 多,非道하고 又,世仇〈新
제 지 계　　　소 행　다 비 도　　우 세 구 신

羅〉와 與〈高句麗〉로 連和하여 以,侵軼之하고 因
라　여 고 구 려　　연 화　　이 침 질 지　　인

利乘便하여 割取〈新羅〉重城,巨鎭不已니 非所謂,
리 승 편　　할 취 신 라 중 성 거 진 불 이　비 소 위

親仁善鄰이 國之寶也니라. 於是에 〈唐〉,天子가
친 인 선 린 국 지 보 야　　어 시　　당 천 자

再,下詔하여 平其怨이나 陽從而,陰違之하여 以,獲
재 하 조　　평 기 원　양 종 이 음 위 지　　이 획

罪於大國하니 其亡也,亦宜矣로다.
죄 어 대 국　기 망 야 역 의 의

▶ **어려운 낱말** ◀

[天降金樻(천강금궤)] : 하늘에서 금 궤짝이 내려와서. [刪落(산락)] : 삭제하여
빼어버림. [多竄海東(다찬해동)] : 해동으로 많은 사람들이 도망하여 오다.
[苗裔(묘예)] : 후예. [享國(향국)] : 나라를 향유함. [重城巨鎭(중성거진)] : 중요
한 성과 큰 주둔지. [陽從而陰違(양종이음위)] : 겉으로는 따르는 것 같지만

실제로는 그 말을 어김. [獲罪(획죄)] : 죄를 얻다.

[저자의 견해]

〈신라〉 고사에는, "하늘이 금궤를 내려 보냈기에 성을 「김」씨
로 삼았다."고 하는데, 그 말이 괴이하여 믿을 수 없으나, 내가
역사를 편찬함에 있어서, 이 말이 전해 내려온 지 오래되니, 이를
없앨 수가 없었다. 그러나 또한 듣건대, 〈신라〉 사람들은 스스
로 「소호 금천」씨의 후손이라 하여 「김」씨로 성을 삼았고,【이는 신
라 국자박사 「설인선」이 지은 「김유신」의 비문과 「박거물」이 지었고, 「요극
일」이 쓴 〈삼랑사〉 비문에 보인다.】 〈고구려〉는 또한 「고신」씨의 후손
이라 하여 「고」씨로 성을 삼았다."고 한다.【[진서]의 기록에 보인다.】
옛 사기에는 "〈백제〉와 〈고구려〉가 모두 〈부여〉에서 나왔다."
고 하며, 또한 "〈진〉, 〈한〉의 난리 때, 〈중국〉 사람이 해동으로
많이 도망 왔다."고도 한다. 그렇다면 삼국의 조상들은 옛 성인
의 후예가 아니겠는가? 어찌하여 그렇게 오래도록 나라를 향유
할 수 있었는가? 〈백제〉 말기에 와서는 도리에 어긋나는 행동이
많았으며, 또한 대대로 〈신라〉와는 원수를 맺고, 〈고구려〉와는
화친을 계속하면서 〈신라〉를 침공하여, 유리한 조건과 적당한
기회만 있으면 〈신라〉의 중요한 성과 큰 진을 빼앗기를 그치지
않았으니, 이른바 어진 사람을 가까이하고, 이웃과 잘 사귀는 것
이 나라의 보배라는 말과는 달랐다. 이에 〈당〉나라의 천자가 두
번이나 조서를 내려 〈백제〉와 〈신라〉 사이의 원한을 풀기 위하
여 노력했으나, 겉으로는 순종하는듯하면서도 안으로는 이를 어

겨 대국에 죄를 지었으니, 그들이 패망한 것도 역시 마땅한 일이
었다.

「한문 원본」을 원문·현토·주해한

삼국사기(三國史記) 【2권】
-백제본기-

초판 1쇄 발행　2020년　6월 15일
초판 3쇄 발행　2023년 12월 15일

현토·주해 | 정민호
원 작 자 | 김부식
추천및감수 | 문경현
발 행 자 | 김동구
디 자 인 | 이명숙·양철민
발 행 처 | 명문당(1923. 10. 1 창립)
주　　소 | 서울시 종로구 윤보선길 61(안국동)
　　　　　국민은행 006-01-0483-171
전　　화 | 02)733-3039, 734-4798, 733-4748(영)
팩　　스 | 02)734-9209
Homepage | www.myungmundang.net
E-mail | mmdbook1@hanmail.net
등　　록 | 1977. 11. 19. 제1~148호

ISBN 979-11-90155-44-1 (04910)
ISBN 979-11-90155-42-7 (세트)
15,000원